U0538307

AQUARIUS

AQUARIUS

AQUARIUS

AQUARIUS

Vision

一些人物，
一些視野，
一些觀點，
與一個全新的遠景！

安德莉亞・歐文（Andrea Owen）曹聰／譯

如何停止不開心

How to Stop Feeling Like Sh*t

14 Habits that Are Holding You Back from Happiness

獻給所有決心點燃生命裡的
亮光的女人們

心理師專業好評

「不開心」是種弔詭的情緒，你愈想要停止它，它就會愈明顯；但假裝忽視，也不會好到哪裡去，忙碌一陣子之後，還是要回過頭來面對那些你害怕看見的東西。這本書明確地提供了三個步驟的法則：承認與面對、寫下來或說出來（包含你想要什麼跟害怕什麼），最後，付出行動。這與承諾與接受療法（ACT）的精神相當類似，所以如果你想要找到一本讓自己心情好一點的指南，那麼就拿這本書去結帳吧！

然而，這本書最值得推薦的不只是這些步驟，更重要的是作者也掏心掏肺地講了許多自己的故事，包含感情遇到鬼、人生的失敗等等。「面對」講起來容易，做起來宇宙無敵超級難，改變更是難上加難，所以比起這些，更關鍵的是，書中還描述了在這些「難」

當中，你如何抽絲剝繭，找到背後那些困住你的點（例如，是冒牌者症候群，還是「羞愧感」讓你寸步難行？），與你一同越過山丘，看見屬於你自己的綠洲。

——**海苔熊**（Podcaster、YouTuber、諮商心理師）

方向不對，努力白費。在照顧自己的漫長旅程中，願本書能讓更多讀者少走一點冤枉路。

——**蘇益賢**（臨床心理師）

【推薦序】

這本書，為我們鬆開掐在脖子上的結

◎NeKo嗚喵（說書人）

「沒有豁然開朗，我只是讓站起來的時間愈來愈快。」——蔡依林

忘了在哪本書看到，女人比男人更容易陷入比較的情緒裡。可能身為女孩子，天生多了一份纖細、母性、柔軟、稚嫩……無論你想怎麼稱呼它，我都覺得那份特質是能載舟、亦能覆舟的。

並非男人在生活中就一帆風順，只是無論在職場或家庭中，哪怕是生理機能上，男性不可

否認地有先天的優勢。

隨著競爭愈發激烈，女性要嶄露頭角又要兼顧家庭生活，很難不陷入隨時檢討自己的情緒。然而社會氛圍總是教大家，就算有委屈也得躲起來自己哭，那句「等你是個咖，才有資格哭泣」的金句感動了多少人，就顯示出「委屈」是一種不受人喜歡的情緒，那份情緒只能自己收起來，隨便攤開有多不禮貌、不得體。這份內耗，在纖細、溫柔的特質之下，宛如擰毛巾一樣，擰著多少人的脖子啊……

我人生中第一次失眠是國中全國學生美術比賽失利，代表學校參加，卻一個獎都沒拿到。還記得當時我一直反覆思考自己哪裡做錯，全然沒想過比賽這種事情，有時候不是自己不好，而是對手太強！習慣自我批評的人，自尊心低落，發生任何問題慣性就會先問自己：是不是我還不夠好？

這樣的特質也不斷重複發生在我每一段戀情上。討好對方並不會讓我變成完美女友，反而在對方眼裡，是個呼之即來，揮之即去，用完即可拋棄，很理所當然的存在。

有一陣子我會因為太幸福而痛哭，總相信接下來就要往下走了，然後把身邊所有的人，包含朋友，通通推開。

這樣的人生走向，讓我在大學第一次憂鬱症發作，那時候我不知道自己出了什麼問題，滿腦子只有：人生很無趣，吃飯很空虛，能不能就這樣停止呼吸？……

然後，我把自己泡在圖書館裡。我發現一本好書可以點醒你：現在的人生不太對勁！腦子裡的聲音，很有可能不是真的（第一章〈我厭倦了苛待自己、取悅他人〉），逃避沒有用，用購物、酒精麻痺自己也沒有用（第三章〈停止習慣性麻痺，直面未知的恐懼〉）；渴望與人連結的唯一方式，就是得冒著受傷的風險，一而再、再而三地嘗試，直到那一塊傷口結痂為止。

當世界崩塌，我們都會以為別人不可能理解自己，或者不想因為自己的小事去麻煩別人。事實上，和你有相同經驗的人，遠遠比你想得多！

告訴別人你的經歷，這樣你就可以釐清自己的感覺了。這關乎讓某個人見證你的掙扎；關乎你的痛苦能得到見證和傾聽（第二章〈我害怕被視為一個軟弱的人〉）。

我認為，成長不是代表不被生活擊垮，而是倒下之後，能多快站起來。

作者安德莉亞．歐文，經歷了出軌、伴侶詐欺、未婚懷孕、離婚等等的一堆破事，還能成為如此成功的創作者、老闆和兩個孩子的媽，證實了我們只要認清書中提到的這十四個心理盲點，無論情況多麼糟糕，都有力氣可以再度站起來。

我最喜歡的是第十六章，日子本來就會有晴有陰，看到書上寫著「偶爾崩潰是可以的」，我大大吐了一口氣。不被允許的事，突然可以了，好像鬆開了什麼掐在脖子上的扭結，可以呼吸了。

誠心推薦，男孩也能看，女孩更要看！

蒙著眼沒辦法開車，同樣地，看不見自己的盲點，很難筆直地抵達想要的將來。

預祝閱讀完這本書的你，也能跟我一樣，大口呼吸。

【推薦序】

讓自己開心起來，是你此生最重要的事情

◎陳珮甄Selena（《你不能選擇出身，但能活出想要的人生》作者）

最不開心的時候，往往不只是因為某個單一事件的發生；細小瑣碎的事情交疊在一起，讓人煩躁、看不到解方、只能在情緒裡打轉，是最沮喪的事情。

大多時候，我們的苦處很難被他人同理。

「生小孩本來就是這樣啊。」「我們以前生三個小孩，還不是這樣過來？」「別人也是這樣在生活，就你抱怨多？」

是的，你我的生活困境，其實都相似。但所謂的「別人」，未必覺得自己的生活好。更多的時候，是他並不快樂，只是他不說。一如你與我，已經習慣不輕易把自己的困境向誰說出口。

我們花很多時間在想「為什麼」，羨慕那些看起來過得比我們從容的人，然後花更多力氣，安撫自己忍耐那些我們並不情願的事情。

每一天，不快樂的人會轉發大量的心靈雞湯臉書文，提醒自己要感恩、要正能量；一面不快樂地生活著，一面將絕大部分的精力，耗用在說服自己接受現狀。畢竟，比起饑荒難民或戰亂中的孤兒，有床睡、有新鮮食物可以吃的我們，有資格抱怨自己日子過得不夠好嗎？承認自己不快樂，往往被視為軟弱或不惜福。每次想求助、想將自己脆弱的那一面向誰攤開，卻往往被一句話堵得啞口無言：「你明明就過得好，有什麼資格不快樂？」

在我的顧問生涯裡，有一種業主的臉譜占大宗。

他們來約我一對一諮詢，討論職涯發展或事業規劃。但除了這些「正向」、「積極」的話題以外，他們總會在議題之間抓住一個小小空檔，口氣猶疑地、囁嚅著發問：「老師，其實我一直想問，但又不知道怎麼講。我覺得我好像沒有什麼資格抱怨，我先生對我滿好的，小孩也沒有什麼大問題，財務上也還可以。但我不知道為什麼，就是覺得生活好像沒有什麼熱情，一天過一天……」

他們在坦承自己不快樂的同時，已經先背負著自咎的罪惡感。

還有另一種業主，在職場上是乖順而盡責的一群。他們致力於圓滿生活中的每一個角色與責任——爸爸或媽媽、主管或下屬、伴侶或兒女。但當聊到他們的生活，他們的臉上會出現一段空白，或是一閃即過的黯然：「我已經很久沒有問自己，到底快不快樂。」

快樂不是小孩睡了以後，深夜撕開一包洋芋片配Netflix看韓劇。那只是壓力的出口、日常辛勞的短暫救贖。上網購物、跟團喊「+1」也不是真正的快樂，且購物的同時也增加了財務負擔。刷卡時發洩的，其實是情緒，以及覺得自己應該被犒賞的壓抑。

「我不知道做什麼事情，可以讓自己快樂起來。」好多人在一對一的時候，一臉空茫這樣對我說。

不知道如何快樂起來的人啊，總是將他人的感受擺在比自己更重要的順位，窮盡每一日的氣力，希望能滿足他人的期待。

你很少很少花時間，觀照自己的感受。甚至生疏到，不知道如何照顧自己的心情；不知道怎麼做，可以讓自己快樂起來。那如果我們換個角度想呢？那些不開心的事情，我們一起來解決掉，好嗎？

「不要只想『為什麼』，你該去想『做什麼』。」這是我在演講裡反覆提及的一句話。比起批判自己的感受，或是卡在「為什麼我會這樣想」、「我是不是想太多」，直面問題、坦承自己的感受，其實你會更好過。

你不需要向任何人交代你的感受。你也沒有任何義務向誰說明，你為什麼這樣想。比起你的先生／太太、你的老闆或子女，你最該擔起義務與責任的，是「照顧好自己」，這件往往被你忽略掉的事情。

日常裡，我花很多時間在跟自己對話、沉澱。我不把所有精力拿來讓別人開心，任何時刻，我都優先照顧好自己的心。因為只有自己好起來了，由內發出的力量強盛充沛，我們身邊的人才有被滋潤的可能性。

優先觀照自己的內在感受，不是自私。是自愛，是智慧。

現在的你，開心嗎？現在的你，不開心嗎？你能清晰地辨識，自己心底的每一份感受嗎？

答案不在別人寫的雞湯文裡，不在成功人士的激勵演講裡。

允許自己有一段停止回應外界的空間，坐下來，好好讀這本書。你不需要將它奉為真理或聖旨，我更期待你在閱讀的同時，反思自己的所見所感，讓那些過去被你忽略的感受得到釐清，於是你知道了所有挫折與無力感是如何被累積的。

接著，我們一起來想一想，能為自己做什麼。

讓自己開心起來，必須是你此生最重要的事情。

【關於本書】

盤點十四個「自我毀滅」的習慣

二〇〇七年年初，我陷入了人生低谷。

正在和我約會的那個男人說服我辭職並搬去和他一起住。在我們計劃搬家時，我發現這段關係中，他每件事都撒了謊，包括編造他罹患癌症的故事來掩蓋他吸毒的事實。他從我身上抽走了幾千美元，就在那個星期，我手裡拿著一支結果呈陽性的驗孕棒。大約一個月後，在我徹底沒錢的時候，他離開了我。我被騙了。

我被羞辱了，更不用說被甩、失業、無家可歸，而且還懷孕了。雪上加霜的是，此前一年，我的丈夫為了另一個女人離開了我。

我的家人、朋友和同事對我的同情讓我無法忍受。我能感覺到在我周圍時他們散發出的不適——他們不知道該說什麼或做什麼。有些人甚至迴避我——感覺他們不想靠我靠得太近，怕自己會撞破我的窘境。我恨自己的生活，我恨自己曾經的逆來順受，它使我陷入如今的處境。孤獨和羞愧使我生無可戀。似乎我認識的每個人都幸福地結婚生子了，即使有些人單身，他們肯定也不會像我一樣，把日子過得一團亂。我覺得自己像是破損的商品，更別說是有史以來最蠢的女人。我一遍又一遍地問自己：我是怎麼落到這般田地的，我怎麼會這麼愚蠢？我到底怎麼了？

回顧過去，我現在知道，人生最低谷的那幾年，我建立了一種生活方式：把自己變成我認為「別人想讓我成為」的樣子。我的精神支離破碎，完全感受不到自己的價值。我害怕這個世界。我恐懼人們看到真實的我。一想到人們會發現我有很多他們不知道的事情就害怕——怕他們會發現我有多麼迫切地需要別人，只想簡單地愛和被愛。

我的生活圍繞著完美主義、自我毀滅，以及我認為能使我安全的控制欲、習慣和行為——直到我發現它們並沒有任何作用。

當我開始緩慢但踏實地療癒自己，並重整生活，我發現自己並不是唯一藉由這些習慣建立個人生活的女人。開始教練生涯，幫助那些讓我想起過往自己的女性後，我意識到許多女性也在進行著和我過去相同的自我毀滅行為，並想知道為什麼自己感覺那麼糟糕。

事實上，隨著時間推移，我開始意識到真的有一種習慣模式在壓制女性，這些模式非常普遍。和其他心靈受創的女性交談後，我發現她們都受到十四種有害的思想和行為舉止的折磨，於是我開始為它們一一命名。

再次集中觀察這十四種習慣，我開始意識到，當生活把我們擊倒，正是這些習慣擊倒了我們。藉由留意、辨識和改正這些習慣，我們可以讓自己重新找回力量和快樂。在我開始自己的工作，甚至開始教別人之後，我認為在如何生活這件事上，存在一條錯誤的道路和一條正確的道路。我想，你如果屈服於本書提到的那些習慣，注定要走向厄運和不幸。

振作起來。我將要說一些可能讓你驚訝的事。

本書前幾章提到的習慣都很常見。沒有人會在讀這本書時想：「不，我根本沒有其中任何一個習慣。」這沒問題。事實上，這很好。有時你就是需要靠這些習慣來保護自己。我們需要用它們來讓自己免於遭受生活中的痛苦。這是我們所學到的，而且這些習慣在短時間內發揮了作用。當我們屈服於這些習慣到某種程度，它們將不再保護我們——實際上反而會阻礙我們，這時我們就會陷入困境。

一些自救書籍會告訴你，你投入這個世界的一切，終將得到回報。你的潛力和態度決定了你的環境和現實。我曾經相信這點，但我愈是環顧四周、聽人們的故事，我就愈是意識到……人生無常。

生活是艱難的。並不是因為我們過錯了生活，而是因為生活本身很艱難。

——格倫儂・道爾・梅爾頓（Glennon Doyle Melton）

危機發生了，人們都是混蛋，我們被甩了，小孩亂發脾氣，青少年讓我們擔憂得寢不能寐，醫生給出我們無法接受的診斷。你沒有做錯什麼，你並沒有與它們產生「糟糕的共鳴」。生活就是這樣的。

但你還是想，自己是不是做錯了什麼？其他人看似都弄懂了關於生活的一切，而你沒有，是不是因為這樣，你才感到孤獨和困惑。

這種情況發生時，你可能會買一些自救書，聽一些能使人得到力量的播客節目（Podcast），希望從中得到答案。答案來自外界，對吧？還有那些祕密和解釋？你開始編輯清單：冥想、瑜伽、綠拿鐵，關注ＩＧ上的某人，並閱讀每一本書。

但我知道這才是真相：那份清單不會讓你幸福快樂。

「答案」——通往幸福的鑰匙——建立在把過去的點點滴滴跟你現在的行為連結起來之上，並將那些讓你痛苦的東西暴露於陽光之下。它與直面障礙、打通並處理它們，以及在這過程中愛自己有關。那是一個接受所有因它而產生的感覺和情緒（即使它們看起來說不通，甚至有問題），並且一次又一次重複的過程。那才是自由與安寧。

這本書關乎如何辨識糟糕的習慣、選擇不同的習慣，並實踐新的行為。錯了，就再試一次。重複滌清自己。這是一本行動之書，不只是讓你邊讀邊想：「嗯……聽起來不錯。」而是：「嗯……聽起來不錯。它讓我有點不舒服，但我得動起來。我可能會搞砸，但我會堅持下去，因為我已經厭倦那糟糕的感覺。」

【寫在前面】

只有你，能讓自己從不開心的輪迴裡脫身

十年前，離了婚的我接受心理治療時，我坐在治療師的辦公室裡，說：「我要多久才能從這個創傷走出來？我準備好了，我希望現在就開始。」那一刻我甚至可能正看著我的手錶——也許我希望我們能在一小時內將它圓滿完成。我想要一個解決辦法，我想加快這個進程。

如今這已經不再是祕密——個人發展是一個過程，無法快速解決。即便如此，我們還是渴望一個清晰而直接的答案。我們想要一個解決方案。在這循序漸進的過程中，我們能夠懷著變得快樂、內心平靜，同時療癒我們破碎心靈的終極目標來核對清單上的項目。我們尋找能與我們產生共鳴，並讓我們欽佩的大師和專家；我們著手進行計畫，等待天堂在自助的光輝中打開。

天堂的門也許會打開，也許不會。在這過程中，每個人的道路和旅程看起來都不一樣。有些人很快就會改變，有些人則慢一些。不管怎樣，我想讓你體會「認識自己」的巨大力量。舉個例子，你辦了一個瘋狂的派對，隔天一早你睡眼惺忪走向廚房，你知道自己得把廚房清理乾淨。當你走入黑暗的房間中，第一件事是什麼？在黑暗中開始打掃嗎？不，你會把燈打開！你會看到有哪些東西需要處理——哪些需要扔掉，哪些需要清洗，哪些需要收起來放好。

個人成長也是如此。首先，**你要看看生活中有哪些地方必須改變——盤點庫存能讓你知道哪些工具會有幫助**。

我寫這本書，是為了讓你快速追蹤自己的自我意識。**知道是什麼讓你犯錯和不快樂，你就可以改變路線**。我想讓你搞清楚是什麼讓你感覺很糟糕，我想讓你知道你自己的價值，就像你了解你的購物清單裡有什麼一樣。我的意思是，你知道你有多喜歡咖啡，你知道誰應該在《鑽石求千金》（The Bachelor）[1]節目中獲勝，但是你知道你希望怎樣生活嗎？以每一天為單位？你知道你的地雷在哪，以及如何辨識它們嗎？當你知道，你會敏銳地意識到自己的失誤，

1 美國的約會實境節目。（本書註釋皆為譯註及編註。）

同時可以糾正自己的錯誤——這就是引你進入美好生活的方法。

此外，我在每個章節都提供一些額外的資源和支援，像是與這些習慣相對應的冥想和練習。**你的目標是注意你的習慣，看看它們如何阻礙你，同時盡力針對它們做出最大改變。**如此一來，你就走在通往非凡幸福人生的路上。

成功的關鍵

回想起來，在這段旅程的前期，我學會一些至關重要的東西。過去十年裡，我在生活中各個領域都獲得成功——友誼、婚姻、養育子女、事業、身體——這並非因為我比別人聰明，或是我發現了什麼祕密或工具這麼簡單。

其中的訣竅在於，**始終如一的投入**。這是一項畢生的功課。如果只是讀一本書、參加一場工作坊，或者在感覺特別糟糕的時候把這功課撿起來，是不能成功的。這是一場持續不斷的實踐，它關乎失敗後一次又一次重新開始；關乎擁有大大小小的勝利；關乎頓悟——那些你壓根沒有意識到的事情，對你來說其實是個問題。

無論你經歷了什麼，無論你現在情況如何，甚至是一年後，你能否獲得心目中驚人、帥氣、成功的人生，都取決於你承擔這份內在工作的能力，以及你能不能堅持到底。如果你說自己單純是沒有時間做這件事，我要告訴你，你的時間最終會用在哪裡——不開心。你有時間，你只是需要把這件事排在第一順位。除非你願意審視自己的生活，並採取行動，否則這本書上的文字毫無意義。

其中的訣竅在於始終如一的投入。

在每個章節的結尾，你會看到一份清單，上面羅列著極具挑戰性的問題。因為光是閱讀文章，閱讀那些敘述著會讓你不開心的習慣的章節，邊點頭贊同邊說「對，我有這個習慣」、「我有同感」，然後繼續做著那些事情——光是這樣對你來說並不夠。藉由處理這些問題來深入了解自己的生活，你會以一種具創造性的方式（書寫）從頭腦中得到想法，這有助於你做出實際改變。

所以，拿出一張紙，獨自回答這些問題，或是跟一位朋友，甚至一組人一起。

專注

除了始終如一的投入，我還想強調一件事，它將幫助你從這本書中得到最大的收穫。那就是專注。你將會讀到許多能讓自己產生共鳴的習慣和思考方式。讀完本書，我想讓你清楚認知到每個習慣如何體現在你身上（如果你有這個習慣），以及什麼樣的工具能幫助你改變。如果你能在日常生活中敏捷而熟練地捕捉它們，真正的改變就會發生。

可能是在你答應別人做一件你不想做的事時，在十秒內告訴自己：「喔靠，那是在取悅別人！」或是把第一天上學的孩子送去幼兒園後，你回到家裡，感受著因心痛而生的眼淚，並開始打掃整間房子。這時我希望你能停下來，告訴自己說：「哎呀，我正在試圖讓自己變得堅強，並對此麻木。」這將會是一場勝利。從此刻開始，你所做的不會是透過取悅別人或迫使自己麻木來虐待自己，而是承認自己的習慣或信念，並嘗試使用新的工具。

這就是專注。

然而，有時過度關注是有壞處的。你可以叫它「過度思考」，但又不僅僅是那樣。在個人發展中，許多女性容易對自己的行為吹毛求疵，想把她們做過的每件事都貼上標籤。這樣做有好處嗎？清醒是有好處的，對吧？那麼，這樣做有壞處嗎？執著是有壞處的，對吧？我們怎麼知道什麼時候該理性分析，什麼時候該依直覺行事呢？而且如果我們無法從頭腦中跳出來——當自我分析持續不斷，會發生什麼事呢？

這種過度的思考被稱為「過度認同」（over-identification）。它指的是我們對做過的每件事都過度檢驗的傾向。這種情況更容易發生在頭腦聰明、成就高的女性身上。

所以，如果你發現自己正在這樣做，首先，你是正常的，我想讚揚你對這項工作的投入。但並不是說你應該把全部的情緒和精神狀態都分門別類。盡你的最大努力專注起來，但也盡力不要過度。找出你在哪裡犯最多錯、哪裡有空間改進，當你看到這些行為出現，要把自己「逮個正著」，就像學習新策略時一樣充分實施它們。同時別忘了，一路善待自己！

承認羞恥

二〇一四年夏天，我去了德州的聖安東尼奧，在以布芮尼．布朗博士（Dr. Brené Brown）的研究為根基的「勇敢之路訓練營」（The Daring Way™）受訓。這段經歷無論從個人角度還是專業角度來看，都震撼了我的心靈。得知「羞恥」正成為個人發展中的重要主題讓我欣喜若狂，我永遠感謝布芮尼的研究。在這本書中，你會讀到一些源自於其研究的工具和概念。

如今，羞恥似乎已是一個流行用語，而這其實是好事——人們更多地談論那些阻礙他們體驗幸福的事情。但一些女性一次又一次地對我說，她們不覺得自己正在經歷羞恥，即使她們確實身在其中。她們好像無法辨識內心的那種感覺。我理解。當我們認為某個人感覺羞恥，我們可能會想像那個人做了什麼不可思議的事被公諸於眾：她被發現挪用教堂的錢，所有教堂會眾都知道了；他被發現與他的精神科醫師有染，並且鎮上的人都在悄悄談論這件事。或者可能因為別人而感到羞恥，比如擁有一個醉醺醺去看校園劇的酒鬼母親，或因為入店行竊而被送進監獄的孩子。

但我現在知道的是，羞恥感比我們所想像的更為普遍，而且在私人場景中也經常發生。就算有些人覺得自己在生活中完全感受不到羞恥，我也不得不說出實話——**所有人都會感到羞恥**。而且，**如果我們不正視並承認羞恥，不能誠實地辨識和處理它，學習克服它，羞恥就會控制我們**。我們正在逃避一種存在我們內心之中，但未被我們察覺到的感覺。

布芮尼．布朗把羞恥描述為：「一種讓我們相信自己是有缺陷的，因此不值得被愛或獲得歸屬感的強烈痛苦感覺或經歷——我們所經歷過的、做過的或沒有成功做到的事情，讓我們不配獲得他人的感情。」

這是一個奇妙的定義，也是一個非常有用的定義，因為很多人都沒有意識到我們正在認為自己「不配獲得他人的感情」。讓我解釋一下它在我們的成年生活中是如何體現的，以及它與你將要讀到的習慣有什麼關係。

我先幫大家舉個例子，這是我國中記憶裡的一個場景，涉及當眾羞辱。

那天是我的八年級畢業日。我穿了跟媽媽特地去買的漂亮裙子，同時我向她借來那件漂亮的開襟羊毛衫，墊肩對我來說太大了，但那是一九八九年[2]，所以一切都很完美。當我和父母從停車場走向學校，兩個受歡迎的女孩看到了我，其中一個指著我，對另一個人說：「哦，我的天，她穿的是什麼?!」說完兩人就歇斯底里地笑著。那天早上，我本來感覺很好很有自信，然而聽到她們說的話，我感覺糟透了，而且很可笑。

那是羞恥。

這個看似微小的場景並不少見，我們都經歷過某種形式的當眾羞辱。任何國中生都能講出一個或十個像我這樣的故事。我們還小，我們被家人、朋友或學校的人羞辱；成年後，我們也在伴侶關係中、在工作中、在與朋友或家人的相處中，看到類似的羞辱。

2 一九八〇年代，美國十分流行厚墊肩的服飾。

另一個更近期的例子則涉及身分，這個身分在我們的文化裡被視為「不可接受」，它通常會導致羞恥感。幾年前，我們搬到一個新的州，我的孩子們也到新學校就讀。我和我兒子的小學校長、新老師以及他的特殊教育協調員開會。我的兒子患有自閉症，他的病歷是從診斷他的醫師那裡傳來的。

會議開始了，特殊教育需求協調員開始大聲朗讀我兒子的健康史。她用無辜的聲音說道：「科頓和他的母親、父親及妹妹一起生活。他母親有酗酒史……」我不知道在那之後還說了些什麼，我能聽到的，就只有耳朵裡的血液在咆哮，而我的心臟也在劇烈地跳動，手心開始出汗，腋下也出現刺痛。

我們在一個陌生的城市，我不認識其中任何一個人。幾分鐘前，我正和這些女人友好地交談，我覺得她們可能成為我的朋友。當她大聲讀著「他母親有酗酒史」時，我想知道：我應該打斷一下，告訴她們我已經戒酒多年了嗎？她們會說我閒話嗎？她們在那一刻就判定我是什麼樣的人了嗎？我在同一時刻感受到了能壓倒一切的，關於逃走、保護自己和哭泣的需求。

所有羞恥故事的共同點是，人們對自己說，這感覺太糟糕了。真的，真的很可怕。沒有任何情感像它一樣可怕。就像布芮尼·布朗說的：「羞恥是一種會造成全面影響的情感。」這是一種被普遍憎恨的感覺，當我們經歷它，我們永遠、永遠不想再次感受它。永遠不想。我們可能沒有意識到這一點，但在內心深處，我們知道我們想要它消失。

我在國中畢業典禮上感受到的羞恥發生在二十五年前，但我記得那些感覺，好像那是昨天的事。那些細節還很生動——我甚至記得嘲笑我的女孩的名字。那些源於看似微小事件的感覺嵌入了我的內心，它們不僅開始塑造我這個人，還塑造了我的行為。

這就是為什麼在開始思考我們將在這本書中讀到的十四種行為之前，要知道「辨識羞恥」很重要。我們都有避免羞恥的本能。不管我們是否意識到，我們一生都在盡力避免羞恥，而這種迴避則演變為一股力量，它會喚醒我們潛在的破壞性習慣——也就是**完美主義**、**取悅他人**、**指責他人**、**自我毀滅**、**麻痺**、**孤立和躲藏**、**控制**、**過度成就**，以及所有你將要讀到的其他習慣的來源。

如果其中一種，或每一種壞習慣常出現在你身上，猜猜是誰在煽陰風、點鬼火？是羞恥。即使你不了解自己生活中關於羞恥的內容，它也可以藉由強迫你做出本書中提到的任何一個行為來接管你的生活，如果你認為自己沒有任何（或太多）羞恥感，那麼你可能一直處於逃避羞恥的狀態。

讀過這本書提到的習慣，你要知道，你很有可能把它們當成一種保護手段。了解它們是你用來保護自己免受羞恥的東西，並且因它們努力庇護你而表示感激——然後做好準備讓它們離開。

因為當我們陷入完美主義、取悅他人、麻痺及其他習慣，我們並沒有真正解決問題。我們至多是在一個需要更進一步關照的傷口上，貼了一個臨時的、蹩腳的OK繃。舉例來講，關照的方式應該是這樣的：

一、**清楚意識到你所做的事跟你想成為的人南轅北轍**。我知道你不想參加取悅別人的舞會。我知道，當事情變得棘手，你想要和人們聯繫，而不是逃避。我知道你想盡最大的努力，而不是用完美主義來毀掉自己。當你知道自己參與了這些行動，就可以採取行動去改正它。

二、**了解你的核心價值**。要像你了解自己如何喜歡咖啡一樣了解它（見第十五章）。對你來說什麼是重要的？在日常生活方面，你能說出對你來說最重要的事嗎？先處理這些優先事項意味著什麼？

三、**實踐**。你可能無法每次都做好，甚至大部分時候都做不好。改變行為是一件棘手的工作：有時你會把一切都弄錯，有時你會做對，有時你會為自己感到驕傲，在接下來的日子裡，你會愈來愈為自己感到驕傲。然而，最終，你實踐得愈多，就愈能培養出對自己有好處的新習慣，而且愈容易感受到幸福。

敞開心扉

你會在幾個章節中讀到這個短語「敞開心扉」。它看似平淡無奇，對吧？讓我替你把它分解開來……

敞開心扉的意思是，當你想退後一步說「不」，你能去做讓你感覺不舒服的事情。當你敞開心扉，你允許自己感覺到恐懼、尷尬和格格不入。但你也會感受到鼓舞！

你深入挖掘，做這項工作，而且在同一時間感受到勇敢。

這就是敞開心扉的意思。

日常生活中，當你面對一個麻煩和令你不舒服的處境，比如陷入一段消極的自我對話、一場無法避免的與暴躁同事的交流、和幾個麻煩孩子的相處中時，你有以下兩個選擇：

一、什麼也不做，同時感覺很糟糕、恐懼，這樣一來，一切都將保持不變。

二、接受自己不舒服，同時既勇敢又恐懼，並看到真正的變化。

你注意到這兩種選擇都包含了「恐懼」嗎？如果不讓恐懼也成為混合其中的一部分，我們就不能度過困境，變得勇敢，過上很好的生活。

敞開心扉，致力於這項工作，便是在聲明**你已經厭倦苛待自己，厭倦應付那些讓你不開心的習慣，並且已準備好做出改變**。我真心希望你能更進一步做到這些。

當然，有時你會感到奇怪和尷尬，希望能從自己的感覺和意識中逃出來。這沒什麼問題。當然，你會覺得尷尬。這個習慣已經養成幾十年了，你當然要花些時間來適應、執行更加健康的行為。我沒聽過有人會期待展開一場艱難的對話或對人劃清界線——「是啊，我迫不及待想跟我媽來一場超級尷尬的對話，告訴她我再也不想在家裡討論政治。」然而一切都會變得容易得多！你會感到恐懼消散，逐漸讓位於信心和能量。

所以，致這個世界上心靈破碎、不舒服、恐懼的女士們：歡迎，我們早已幫你們留了位置。你們就像我們一樣，我們愛你們現在的樣子，而你們仍然可以讓自己變得更好。

有件事我很確定：當一個女人決心去改變她的生活，當她將關注點轉向自身和她所追求的東西，沒有什麼阻擋得了她。而親愛的讀者，你就是這樣的女人。

我為你感到高興，因為你正致力於更了解自己。當你更了解自己，就會開始好好利用這些能讓你更開心的新工具，最終就能改變自己。

而當你改變了自己，成為一個對自己更仁慈的人，你就會鼓舞別人。連鎖反應有移山填海之力，而女人不僅有力量改變自己，也有力量改變這個世界。

所以，捲起袖子，紮好馬尾，讓我們開始吧。

目錄

第四章 停止「比較」，為自己感到自豪 120
——比較，是強大的能量和幸福殺手。

第五章 你何苦搞砸自己的人生？ 132
——一切進展順利，你卻破壞它、走老路，這就叫「自我毀滅」。

第六章 被「冒牌者症候群」困住的你 143
——人們稱讚你，絕不是因為被你給「騙」了。

第七章 你不必為別人的情緒負責 158
——停止取悅他人。要認可自己，而不是努力尋求認可。

第八章 放過自己，你不必事事完美 176
——完美主義只是你逃開「羞恥感」的手段。

第九章 不要把「堅強」當成你的榮譽勳章 189
——是時候面對虛幻的強硬外表下，脆弱而真實的自己。

第十章 如果放棄「控制」，你害怕發生什麼事？ 203
——控制感讓你逃避真正的問題：破碎的心靈、壓力、焦慮、恐懼、困惑……

第一章

我厭倦了苛待自己、取悅他人

——學會管理你內心的自我批評。

「你看起來像快掛了一樣。」「你以為你會升職，真是可愛。」「想當比基尼美女？嗯，好，但不是這輩子。」

你曾陷入充滿言語虐待的關係嗎？在這段關係中，另一個人不斷批評你，認為你永遠不夠好，並且總讓你感覺很糟糕？在這段關係中，你開始懷疑自己，並且相信所有別人對你說的、與你有關的刻薄話？也許你還沒有經歷過這種類型的關係，但你知道有人在經歷？光是旁觀這一切就令你痛苦得難以忍受？

而且，哦，我多麼希望我說的是別人。但我現在談論的是**你與自己對話的方式**。即使從來沒有人用這種方式和你對話，我敢打賭你有時也會用這種方式跟自己對話（或一直如此）。

你內心的對話並不親切。例如，當你從浴室出來看到鏡中的自己，你會如何對自己說話？或者，當你犯了錯？當你在工作中得到升遷？當你開始拿自己跟其他女人比較呢？在這些例子中，你的自我對話是和藹的嗎？是富有同情心的嗎？就像一條剛從烘衣機裡拿出來的溫暖毯子，聞起來似乎是愛的味道？

我有點懷疑。

選擇本章作為全書第一章是因為，內心的聲音，或者說你「內心的自我批評」也很恰當，是最容易讓女性感覺不開心的事物。以三十一歲的美髮師瓦萊麗為例：

我常自己說：「我很胖，這就是我在臨近三十二歲生日時依然單身的原因。」我經常在飲食上批評自己，並在事後對自己的大多數決定感到不滿意。

我的朋友們要結婚生子了，我總是拿自己和她們比較，覺得自己不合格。如果我更瘦一些、更外向一些、更……一些，如今我也會有一段成功的戀愛關係。讓自己看起來漂亮是我工作的一部分內容，而且人們常說我很漂亮，但我從不相信他們。我覺得他們這麼說只是出於禮貌。

瓦萊麗的故事很經典——她拿自己和每一個人比較（詳見第四章〈停止「比較」，為自己感到自豪〉），並相信她的幸福取決於自身之外某個需要她去獲取的東西。

有時候，內心的自我批評可能會極為苛刻，就像蘇珊的例子一樣：

我一生大部分時間都用來討好世上的每一個人，對自己卻很糟糕。我從來沒有感覺過自己很重要。我用一種永遠不會這樣對別人說話的方式跟自己溝通。**自我關愛和自我愛護是不存在的**。如果我在某種程度上搞砸了某件事（就像普通人一樣），它便不僅僅是一個錯誤。我告訴自己，我是可怕、愚蠢、肥胖、醜陋的，而且作為一個人（包括女人、妻子、朋友、姐妹等你能想到的一切身分），我是徹底失敗的，我很差勁。我在那個糟糕的地方打滾，同時把那些話當作絕對真理。**我的大腦知道它們不是真的，但沒用。那些羞恥的感覺，以及當時那些我用來掩藏羞恥的自我毀滅的方法，真是非常糟**

糕。我很無助，因為我無法擺脫它，甚至在治療師的幫助下也不能。

明確地說，內心的自我批評聽起來並不總是像一個真實的內心獨白或十分流暢的想法。有些女性表示，內心的批評讓她們感覺自己每件事做得「都不夠」，並產生一種揮之不去的懷疑，認為每個人都有的東西自己卻沒有。接著被「我和其他人不一樣」的信念衝擊著。

如果不能把這些故事和內心獨白連結在一起，你的生活或許就是這個樣子：想做某件大事時，你會自然而然地猜想它不會順利，因而選擇放棄。**也許你會把自己和其他女性相比較，只是沒有形成語言或記下細節。就好像你的人生中有一個沒有經過你任命的董事會，成員們聚在一起開會討論你的價值，而你相信他們的評價——與別人相比，你的處境更糟糕。**

這習慣是哪來的？

這個聲音是從哪裡來的？地獄的陰溝嗎？

嗯，是的，它來自地獄的一個悲慘小鎮，那裡的鎮長是一個蠢蛋。

當然，我是開玩笑的，但請繼續讀下去，找出那個最常見的自我批評教唆犯。

•原生家庭

你內心的自我批評首要源頭通常是原生家庭。有些人可能會回想起自己的成長經歷，那就像一個散落著痛苦回憶的墓地，另一些人可能不僅記得那種將自己打倒的痛苦，還有些更細緻的經歷。

身為一個母親，我完全可以看出它是從哪裡來的。我們希望我們的孩子能適應這個世界，希望他們能取得成功，希望他們有自信，希望他們在成長過程中盡量躲開痛苦的考驗和磨難，對嗎？我們不會在每天早上醒來時想：「怎樣才能讓我的孩子感覺不夠好？」

不，我們是善意的，然而最終的結果是，為了「幫助」他們適應，免於在困境中苦苦掙扎，我們會在不經意間讓他們感覺自己不夠好。以海瑟的故事為例：

> 我內心的自我批評是關於身體意象和外表的。從小，我就一直在苦苦掙扎。我在一個非常注重外表的家庭長大。我記得自己七歲時就討厭自己的身體。我的母親（我不怪她，她當時盡了最大的努力）想給我穿衣服、剪頭髮、燙頭髮（是的，那是在一九八〇年代），這完全違背我的意願，但我還是任由她這麼做。我記得自己對外表非常在意，

極其挑剔。十幾歲時，自我批評確實起作用了，然而回顧過去，我意識到自己作為一個人的價值完全取決於外表。我從那些認為我很有吸引力的人（特別是男孩子）的關注中獲得滿足。如果有人認為我很漂亮，我就是值得被愛的。那種價值感令人陶醉。

四十多歲時，我仍在為此掙扎。所以，當內心的自我批評大聲說話，是一個恐懼的聲音在說：「你最好減掉兩三公斤並搞定那些皺紋，否則你就是不夠好。」我知道外表並不能決定我的本質，但這些恐懼和感受是如此根深柢固，以至於我每天都需要提醒自己改變這些想法和行為。

我想強調海瑟的最後一句話，從邏輯上來說，她知道外表並不能決定自己的本質，但她每天都需要提醒自己不要相信它，因為她的恐懼和感受是如此根深柢固。

注意，**內心的自我批評根深柢固**。這就是為什麼我會一再強調這是一項需要持續不斷努力的工作，無法畢其功於一役。消滅內心的自我批評需要進行大量的實踐。

除了糟糕的家庭之外（或許它本來也不糟糕），你內心的自我批評雜音可能源於過去（或現在）的關係。正如我在本章開頭提到的，在你和他人關係破裂後，言語虐待仍會伴隨你很長一段時間。或者，也許你的伴侶不一定有虐待傾向，卻會對你的外表、智力，或任何跟你有關的事冷嘲熱諷。他可能把這些評論當作玩笑或戲弄，但這些評論已經融入你內心深處的信仰體系中了。

• 文化

第二個你內心批評的源頭可能是「文化」。它屬於會引發「小姐，別跟我提這個」這類回應的話題，但我們必須提到它，因為它的力量太強，不能被忽視。

事實上，我們生活在一種獲利於女性感覺不夠好、不夠漂亮、不夠苗條，什麼都不夠的文化之中。大公司從這個概念中賺取了大量金錢。這有助於經濟發展。更進一步地，許多人還會說，一些宗教更傾向於讓女性感覺渺小和不足，以此作為一種約束她們的方式。

有時這是一類問題。我二十出頭時，和一個在鄰近富裕小鎮長大的男人約會。那裡是「富小孩」居住的地方。

他畢業於加州大學柏克萊分校，且取得企業管理碩士學位。不知何故，我們談到工作和對未來的期望，接著我提到我的時裝行銷副學士學位。他咯咯地笑了，漫不經心地說：「那也算得上一個真正的學位嗎？」

我的驚恐表情讓他迅速改變立場並道歉，但他的意思很清楚：對他來說我不夠好，或根本就不好。即使他沒那個意思（但他就是那個意思，他是個混蛋），在一個重視你來自哪裡、在哪裡就讀的文化中，這樣深入人心的評論，也創造了我們對於自己的信念，且難以撼動。階級、地位就跟外表之類的事物一樣，會激發我們內心的自我批評。同樣重要但容易被忽略的，還有種族和性別。我的同事安德莉亞・瑞妮・強森（Andréa Ranae Johnson）說：「就我的經歷而言，作為一名黑人女性，我的一些消極自我對話是：『我很危險，生氣是不好的，並且我應該做到盡善盡美，因為我們從小就被灌輸這些觀念。』」

為什麼你對自己說話的方式這麼重要？

也許消極的自我對話已經成為你的第二天性。你可能會想：「那又如何？我已經對別人很友善了，我對自己友不友善很重要嗎？」

一言以蔽之，是的。顯而易見（或許也沒那麼明顯）的原因是，如果你不關愛自己，而是養成責備自己、說自己不好的習慣，你就會感到不開心。

如果你經常性地自責，即使不感覺自己是在夾著尾巴低頭到處走，你的整體幸福感、自信心和自尊也會受到負面影響。另外，它還會滲透到生活中的其他層面，同時激發你對完美主義的渴望、對控制的需求、對躲藏的需求，以及許多你即將在本書中讀到的其他習慣。

如果你有小孩、戀人或朋友（也就是說，對每個人來說），自我關愛是一種普遍需要的工具，它能讓我們擁有更好的關係，而且在我看來，它有著移山填海的能力。如果有更多人善待自己，整個世界都將改變。

如何停止不開心？

既然你已經知道是什麼讓你自責，它可能來自哪裡，以及它會產生什麼影響，就讓我們在不自尋煩惱的道路上繼續前進，好嗎？

簡言之，這是一個練習善待和憐憫自己的過程，同時讓你內心的自我批評不再統治你。我會逐一探究各項內容。

- 注意到消極的自我對話（我知道這是廢話，請原諒我）。
- 搞清楚是什麼惹你不開心。
- 致力於這個過程，練習使用那些工具，並且堅持到底。

解決方法是從承認開始。當你被內心的聲音刺痛，要承認它、聽著它，並且看著它。意識到它是成功的一半。你如果不知道那裡有什麼以及它什麼時候發生，便只會聽之任之。只要辨認出那些廢話，就可以把它放到它該在的位置，然後倒掉。

・先承認，才有改變

很多女性告訴我，她們甚至不知道消極的自我對話正在內心上演，直到她們仔細深入觀察。或者，因為聽了太久，已經習慣了，並把它當成真理。

我常說，這項工作最困難的是，在學著使用工具去改變它之前，要弄清楚到底發生了什麼事。為什麼？因為，我們不喜歡去感受。沒想到吧！

我說「我們」，是因為我也一樣——假如真有一個「只是想想，隨心去做」的個人發展俱樂部，那可能就是我開的。但現在我已經知道，**在創造幸福生活的過程中，我們必須去思考，去做，去感受，並且必須疼惜自己**。

最簡單的方法是，盤點你內心的自我批評都對你說了些什麼。這裡有一個可以引導你的練習。

拿出一張紙，列出你生活中的各個方面：

- 關係／合作夥伴關係
- 友誼
- 身體／外表
- 工作／職涯
- 生兒育女
- 過去
- 未來

看著清單上的每一項，問問自己：我內心的自我批評在這件事情上，具體對我說了些什麼？辨別出最影響你生活的部分。是的，它們可能都讓人厭惡——但你確定是這些事情在影響你的快樂和幸福感嗎？

沒錯，對你而言，有些可能不會勾起太多內心的自我批評。當下的你可能工作順風順水、戀情甜蜜穩定，我說這些不是為了誘導你無病呻吟，如果它與你的現況不相符，請跳過它。

但對於其他方面，**要公開而誠實地對待那些你認為對自己有害的資訊**。

所以，我到底為什麼要折磨你，要你清理內心的自我批評對你說的所有低劣話語？因為，**如果不能看到它們具體散落在哪裡，就沒辦法清理它們**。一旦注意到內心的自我批評，在控制它和疼惜自己這件事上，你就已經成功了一半。這就是為什麼我希望你和內心的自我批評像親密愛人一樣，真正了解彼此。

記住，**你應該基於眼下發生的事情制定清單，而且每週更新**。如果你開始一段新的關係，或者在生活中樹立新的目標，你內心的自我批評便會掏出新的爛番茄丟你。定期更新清單可不是一個壞主意，它能幫你產生一種自動意識——**聽到自我批評的聲音時，你會立刻明白發生了什麼事，而不是迷茫地坐在那裡焦躁不安**。

• 激烈的自我抨擊來自你對自己的核心信念

現在你知道你無法完全停止內心的自我批評，並且你正在學習使用管理它的工具，你可能會發現自己想把那個聲音當成動力。你可能會想，如果對自己說話更溫柔一些，不再把自己釘在恥辱柱上，就會變成一個懶鬼。你需要內心的批評家來幫你過得更好，對嗎？

這些想法可能是這樣的：

「哦，珍妮絲最近瘦了十三點六公斤。多麼鼓舞人心！如果她能做到這樣，那我可以瘦十八點二公斤。」

「我真是白痴，把那項計畫搞砸了。下個月我會晚點走，早點來，下次會做得更好。他們會看到我有多棒。」

「我知道老公喜歡翹臀，最近我的屁股看起來好看多了，再多做幾個深蹲吧，扁屁股小姐。」

你內心的自我批評會把你和別人相比較，說你可以做得更好，根據你的不足或失敗，推動你做得更好，同時試圖利用一切「缺點」把你變成一個更好的人。（你知道這樣一來會發生什麼，對吧？）

姐妹們，讓我們誠實一點。你內在的那個批評家是個混蛋。這種感覺好嗎？除非你是個受虐狂，否則你可得不到什麼好處。你知道能讓你感覺好些並最終獲勝的是什麼嗎？是愛、仁慈和憐憫。它們都指向你。

在內心裡自我抨擊可能會在一瞬間改變你的行為，但我可以向你保證，這只是暫時的，它最終會讓你感覺很糟糕，並會削弱你的自信心。

理解這點十分重要，因為內心的自我批評不僅只是貫穿你頭腦的想法。**你內心的批評者是一道聲音，源自你對自己的核心信念。**當你照著鏡子，對自己的身材吹毛求疵；當你又一次與伴侶發生爭執，並覺得都是自己的錯；當你在工作中犯了錯——問問自己到底是怎麼想的。在內心深處，要真實地對待自己。

你知道能讓你感覺好些並最終獲勝的是什麼嗎？是愛、仁慈和憐憫。它們都指向你。

也許答案聽起來有點像這樣：

- 我不夠瘦，也不夠美。
- 我永遠不會有一段健康的戀情，因為要愛我太難了。
- 我是世上唯一被蒙在鼓裡的人。

・我是個騙子，大家很快就會知道了。

我們內心的自我批評似乎認為它的工作是定期將這些信念發送給我們，而且意外的是，它還為這些信念找到了「證據」：

・看吧，褲子太緊了。我還是太虎背熊腰了。
・看吧，又吵架。我注定要孤老終生。
・看吧，工作又搞砸了。魯蛇。

老天，不一定非得這樣不可！**自我責備可無法帶來幸福、成功、健康和好日子。解決辦法是憐憫、仁慈和慢慢改變自己的想法與信念，一次又一次不斷重複。**

或者，你也可以繼續相信內心的那個混蛋批評家，繼續不開心。自己選吧。

・搞清楚是什麼惹你不開心

有時，觸發事件是顯而易見的。你知道要是婆婆批評你的育兒方式，你會感到沮喪和憤怒。

你知道把自己和社交平台上的某些模特兒或瑜伽大師相比較，會讓你覺得自己不夠好。然而，有時觸發事件是隱而未顯的。

在靈魂深處，我們對歸屬感有生理需求。因此，人們對我們的看法變得很重要。在第七章和第十三章中，我會進一步探討「在意他人對我們的看法」的問題，但下面有一個練習，可以證明你內心的自我批評有多依賴於你對他人看法的過度關注。

一、再來一次，將你生活中的每一個不同面向列成清單。

二、在每一個面向下，寫下你永遠不希望別人用來形容你的幾個詞。例如，在感情中，你可能永遠不想被伴侶看成窮困、歇斯底里、有心理創傷、沒安全感和令人厭煩的人；在工作中，你永遠不想被老闆和同事看成不合格、不負責任和缺乏經驗的人。注意，要涵蓋你生活的所有層面。不要跳過或省略，真正做到敞開心扉。

三、問問自己，這些對你意味著什麼。為什麼不被伴侶看成窮人對你如此重要？這個練習不是要改變你的想法，只是為了幫助你意識到你有這些想法。誇張點說，這個工具改變了我的生活。當我因恐慌於別人對我的看法而自責時，我基本上能立刻意識到這一點。

舉個例子，這樣練習了不久之後，我和一位女性約好在我的播客上做訪談，我很欽佩她，並且這是我長久以來的願望。她要求在下午錄節目，這讓我很為難，因為下午我的小孩通常都在家。在下午錄節目不是完全不可行，但很棘手。我不顧自己良好的判斷，答應了她的請求。幾天後，我跟孩子們在後院玩，下午三點零五分，我的手機收到一則訊息：「嘿，我們三點還有要錄節目嗎？」我心想：「哦，該死！天啊，天啊！」我竟然忘了約好的訪談。

我很快回答：「對不起，請給我五分鐘！」我丟了一些巧克力豆和一台平板電腦給孩子們，告訴他們我需要單獨待上一個小時，還有「敢不聽話你們就完了」，然後跑上樓去做採訪。在做準備的五分鐘裡，我開始擔心給她留下無章法、丟三落四、缺乏經驗的印象。我拚命想對她，也對自己解釋，然後開始自責：

> 我早該知道的。她可能認為我很蠢，是個十足的白痴。

我犯了一個錯，接著跳起來攻擊自己。它勢頭很猛，還很齷齪。然而我也沒有示弱，我馬上意識到這一切，並且停下來。我告訴自己：「**這是個失誤，沒什麼大不了的。只要道歉就好。這事會發生在每個人身上，每個人都會犯這樣的錯誤。**」

就是這樣。然後我繼續前進。

注意，**我不覺得有必要對自己說「我做得多好」或「她根本沒對我產生那樣的想法」**。我內心非常清楚，講那些話只是為了試圖擺脫不舒服的感受，而這樣做永遠沒用。所以我選擇把事實告訴自己——**每個人都會犯錯，這個錯沒什麼大不了，我可以收拾我製造的爛攤子**，就是這樣。

另外，請注意，我並沒有因為一開始就有了觸發事件而感覺很糟。觸發事件可以是根深柢固的，或人類本性的一部分。關鍵是要知道你什麼時候會被觸發，這樣你就能逮到它，並和藹地和自己對話。

這就是疼惜自己。

總之，了解你的觸發事件並與它們和睦相處的過程大致如下：

一、**了解你的「必定觸發」事件**。在某些特定情況下，你能預見自己將產生特定的恐懼，留意並看清楚它。你如果能誠實面對生活中各方面的觸發事件，就能訓練大腦注意那些自尋煩惱的時刻。

二、**當你被觸發時，意識到它**。脆弱（犯了錯、和某人起了爭執、正在嘗試新事物）時，你可能會有所反應。你如果能辨認出自己的反應，應該就能很快停止這種惡性循環。

三、**開始和自己友好地交談。**這時你不需要做得太過火。切中要害，然後讓自己輕鬆些。

• 實踐與承諾

一個真相：你如果想控制內心的自我批評，在壞習慣冒出來的時候逮住自己，並且開始憐惜自己，就必須致力於此。你不能只是讀讀書上的字，就等著它自然而然發生。你要投身於這件事，並堅持下去，直到它成為第二天性。

女士們常問我，從頻繁自責到開始憐惜自己要花多長時間。這很難回答，我想我大約花了三年——之後我才注意到我對自己說話的方式發生了重大變化。這是一個循序漸進的過程，如果我只嘗試幾個星期，就因為沒有看到立竿見影的效果而放棄，那麼這個改變是不會發生的。對某些人來說，時間要更短一些。這全都跟投入有關。就拿茱莉來說：

開始研究我內心的自我批評，讓我既興奮又緊張。興奮是因為，我在研究一種束縛了我幾十年的東西，緊張是因為我可能會做錯。我優先處理它，而且你也知道——我是那樣快地抓住了那個笨蛋，就像它試圖打倒我一樣快。現在我聽到了聲音，我說：「不，今天不行！」然後我繼續前進。這從根本上使我的生活變得更好了。

我不期待本章提到的每項工具都能讓你產生共鳴。一個個嘗試下去，跳過那些你不喜歡的，保留你喜歡的，和那些當你需要時很容易就能派上用場的。我們也可以預料到，你會在這方面取得很大的進步，接著再次陷入舊習慣裡面。我常聽人說：「我本來做得很好，結果我又搞砸了，又開始和自己說垃圾話了。」人生就是這樣，扭轉習慣就是這樣。你內在的自我批評喜歡那些時刻。在那些時刻，你唯一需要做的就是，小心提防它們。

・放下你用來自我攻擊的武器

在成為更好的自己的路上，你可能聽過「正面肯定」，說你輕鬆地把負面想法轉變成正面想法了。好吧，如果我曾經給過你這個建議，請儘管把飲料潑到我臉上吧！

我只是不相信「自我肯定」這件事有用。「沒用」的意思是，我認為這不太可能發生：你被一些根深柢固的東西觸發，感到很不開心，接著思考一些正向而華麗的東西，感覺就突然變好了。即使你試圖一次又一次地向自己重複這些正向的肯定。正如我前面提到的，很多人自責是因為有著深深的創傷和覺得自己不夠好的信念。

「憐惜自己」這個概念可能是複雜的。你曾在很長一段時間裡用特定的方式和自己交談，這不是說改就能改的。如果這麼簡單，每個人都會試著做，我們在情緒上會更健康，對彼此也會更好，我也沒必要寫這本書了。也就是說，許多人很難理解何謂「進行友善的自我對話」。我完全明白！有些時候我也一樣。

開始念咒語吧。咒語是一個強而有力的字眼或句子，通常具有重複性。在這種情況下，我希望你能想到一個咒語，當你聽到內心的自我批評，就可以對自己說這個咒語。以下是我最喜歡的咒語：

・我知道你在說話，但我不聽。
・謝謝分享，我要繼續前進了。
・我聽到了。
・我不需要為此受苦，所以我選擇「不」。
・好吧，但事情就是發生了。（我用的是這個！）

當你內心的批評攻擊你時，你也可以提出一個有力的問題：

- 我在編造什麼？
- 我到底在害怕什麼？
- 這是真的嗎？

承認自我對話的同時繼續前行，但沒有必要叫自己閉嘴。這就是憐惜自己，記住！

卡蘿．愛默里．諾曼第（Carol Emery Normandi）和羅勒理．洛克（Laurelee Roark）在《與食物無關》（*It's Not About Food*）一書中提醒我們：「要善良。你在與部分自我交戰。」之所以這麼說，是因為當我和女性朋友們做這個練習時，我一次又一次聽到她們說：「我要選擇『去你的』作為咒語，回擊我內心的自我批評！」

雖然我完全支持你採取激烈的態度反擊內心的自我批評，也支持你把實用性放在首位。但在這一點上，我們需要談談。

你可能已經把前半生的大部分時間都拿來自責了，還在心裡對自己施暴，我可以慢慢地、冷靜地幫你放下手中的球棍嗎？你已經習慣了自我憎恨，以至於對你內心的自我批評也做同樣的事看起來也很理所應當——但這很累人。**你不需要再跟那個恃強凌弱的傢伙對打了。**

問問自己：怎樣會感覺更好？

雖然讓你內心的自我批評「滾蛋」並「死在火之地獄裡」，可能會讓你感到一陣勝利的湧動，但這到頭來會起作用嗎？記住，你內心的自我批評仍是你的一部分——它包括你最害怕的東西、你對羞恥的恐懼、你過去的疼痛，以及在言語和情感中表現出的痛苦。它仍存在你心裡。**你內心的批判源於恐懼，而恐懼的目的則是保護你的安全。我知道它用了一種很糟糕的方式和你交流，但你不必以其人之道，還治其人之身。**

所以，**試著先採取中立的方式回應你內心的自我批評。**

• 寫封有愛的信給自己

憐惜自己的核心在於進行友好的自我對話，就像與所愛之人對話一樣。

工作時，一個你信任和關心的同事在一個專案上犯了錯，她坐在桌子前大聲說：「我真是個白痴！我真蠢！我不該犯這樣低級的錯誤，我可能會被炒魷魚！」也許之後她會開始哭泣。當這一切發生，你什麼也不做嗎？或者，更糟地，你會大聲叫喊：「是的，你很愚蠢。你應該辭職。需要我幫你把東西打包嗎？這裡有一個箱子。」

不。你可能會坐在她身邊，用富有同情心的平靜聲音親切地對她說話。你可能會告訴她，每個人都會犯錯，問你該如何幫她改正錯誤，甚至可能試圖讓她想起她在公司取得的一切成績。

現在輪到你了。

練習為自己這樣做。不要輕描淡寫地把它當作一件「不需要動腦」的事，因為這對大多數女性來說都很難。我們被內心的自我批評控制著，不停責備自己，而做相反的事時，起初我們可能會覺得奇怪。如果這樣做喚起了某種情緒，不要感到驚訝。

這項練習可以幫助你開始：拿一張紙或在日記本裡給自己寫一封信，首先寫下你經歷過的、讓你挫敗的事，然後問問自己你希望從朋友那裡聽到什麼。想想你過去犯的錯，或者選擇一件生活中最讓你自責的一件事，如果犯錯的是你的朋友，你在信中會說什麼？

下面是一個例子：

親愛的珍妮佛：

我知道你最近一直很努力，因為你拚命地減肥。你不穿泳裝，也避免拍照，但大多數時候你只是討厭自己的身體而已。聽著，我要告訴你一些事情……

從一個只有幾句話的目標開始，看看結果如何。唯一的規則就是你要對自己充滿愛和憐憫。

你也可以給自己寫一封道歉信。繼續下去，這是你該做的。告訴自己為什麼你應該對自己更友善，並分享你未來的打算。

可能看起來像這樣：

親愛的崔西：

我要為過去幾十年來對你說話的方式向你道歉。對不起，我一直對你很不好。我對於________（填寫情境）感到內疚和殘忍，我以前學到的對你說話的方式就是那樣。從今以後我的打算是________。

小心這樣的浮誇承諾：「我再也不會用那種方式跟你說話了。」記住，我們的目標是真實，而不是給自己增添更多的失敗和責備！試著設定這樣一個目標：「我會練習用新的方式跟你說話」或「我會抓住重蹈覆轍的自己，改變我對待你的方式」。

這個練習很有用。當我們寫下自己想的話，這些想法會在我們的身體裡流動，然後體現在行動上，而不是只在我們的腦袋裡漂浮。

原諒你自己

這裡我要暫時換個話題，告訴你一個憐惜自己的關鍵：**原諒自己**。

為什麼是原諒？**不努力原諒自己，我們就會背負沉重的負擔，而這負擔會加重我們內心的自我批評**。自我原諒與愛護自己、憐惜自己之間密切相關。

坦白說，自我原諒可能是很複雜的。我可不會這樣對你撒謊：「這裡有三個步驟，照著做，你就原諒了自己，然後可以繼續前進。」**它很複雜，可能涉及羞恥、內疚、悲傷，甚至心理創傷**。需要被原諒的事情可能也有很多。如果你對自己所做的事深感羞愧，特別是一些涉及心理創傷的事情，比如你覺得某個人的死亡是你的錯，或將受到家暴歸咎於自己，請查閱本書「參考書目」（詳見頁285）並考慮尋求專業治療師的幫助。

但是，如果你需要原諒的事情對你的影響力比上面我提的情況小（但仍非常重要），那麼我希望你能認真考慮下面這些內容。

讓我們從描述問題開始。你做過讓你後悔的決定嗎？你有沒有讓自己陷入不利的處境？在過去和現在，你背負著某些情感包袱嗎？想想那些你還在為之自責或「懲罰」自己的事情。也許你曾有如下經歷：

- 欺騙配偶或伴侶。
- 對家暴逆來順受，卻沒有在自己知道應該離開時及時止損。
- 經歷過一次痛苦的流產。
- 大聲責罵你的小孩（在今天早上或者在過去）。
- 在別人需要幫助時無動於衷。

或許你需要與自己和解，原諒自己——因為你已經因此讓自己經歷了太多悲傷、虐待和難堪。有時候我們會因為沒有達成理想的目標而自責，而我們知道自己本可以達成。但不管怎樣，那都是一段旅程。你可能在理性上知道這一點，但卻花費太長時間在感性上接納它，你對自己沒能達成目標還是過於苛責了。

我要問你這個問題：**你認為「原諒自己」意味著什麼？**

很多人不原諒自己，因為他們覺得有必要為自己的錯誤負責。為錯誤而受苦，持續不斷地自責，在某種程度上來講是為了贖罪。對此，如果你認為自我原諒意味著自己以往的所作所為都是對的，或者原諒自己之後，你會自動原諒做同樣事情的人，又或者自我原諒表示你不必為自己的行為負責，那麼我們需要談談。

以上並不是原諒自己的涵義，它的涵義應該是：**你是個凡人，應該從對自身人性缺陷的指責中解脫出來**。

一開始，你可能需要承認事實，無論它給你帶來多大困擾。這聽起來很瘋狂，但大多數時候我們就是會否認發生的事。因為承認事實意味著你可能要為自己的行為承擔某種責任，甚至做出補償。同時，完全承認現實可能意味著，你將不得不經歷過去一直在逃避的感覺和情緒。此刻不該掉進自我虐待的兔子洞[1]裡。我希望你最終能憐惜自己，但在感到懊悔時，我們也需要為自己做過的事情道歉。

懊悔的定義是，對所犯錯誤感到深深遺憾或內疚。內疚可能對我們有好處，因為它能激勵我們做出改變。當我們感到內疚，我們知道自己做錯了什麼。有時我們的所作所為違背了自己的核心價值，甚至會傷害別人。內疚可以促使我們彌補自己的行為，並從錯誤中汲取教訓，在下次做得更好。

同樣重要的是，留意內疚以外的感受，比如恐懼、怨恨、憤怒、羞愧、沮喪、難堪等。你在逃避其中任何一種感覺嗎？

如果要我猜，我會說，是的。也許你還給這些感覺留下了空間（詳見第三章〈停止習慣性麻痺，直面未知的恐懼〉）？原諒自己或別人時，這些感覺往往就會出現。有時候，一大波糟糕的感覺會向你襲來，你要為此做好準備，知道這是正常且必要的通關過程。

在自我原諒的過程中，你可能還需要向某人賠罪。這樣做不單純是為了淨化你的道德心，讓你晚上睡得更好。只有在不會引起別的麻煩時，你才應該道歉或賠罪。

假如你和一個已婚男性有曖昧關係，覺得自己需要向他的妻子賠禮道歉，如果你確定這會造成二次傷害，或許就不該做了。關於這個話題，恢復專案中有這樣一課，它建議「在會傷害他們或別人時避免這麼做」。換句話說，在你做這件事之前，要好好想想別人。

而另一方面，**你的自我原諒不能依賴於別人接受你的道歉**。他們不一定會接受。在最完美的情況下，他們會透過擁抱接受你的道歉，你們會一起哭泣，然後快樂地分開。但這不是重點。重點在於表達和感受你的懊悔。在說對不起之前，要確保你不是衝著結果去的。

自我原諒的最強咒語是：「我是凡人，我犯了一個錯誤。」

因為你是凡人，所以你會犯錯。就是這樣。犯錯並不意味著你是一個不好的人。這個錯就只

1 出自《愛麗絲夢遊仙境》，引申為「一種複雜、奇異或未知的狀態和情景」。

意味著你是凡人，你把事情搞砸了而已。如果反覆念這個咒語有幫助，請多念念它。

沉浸於悲傷，處理各種感覺，原諒自己，這些會隨著時間的推移而發生，有時會交疊在一起。值得一再提及的是，自我原諒並不是一蹴而就的過程。可能對你來說很容易，但對其他人來說，它往往涉及實踐，是一個需要經歷數月或數年的過程。

還有，記得，原諒並不意味著遺忘。

前事不忘，後事之師，你可以從所發生的事情中學到東西，並得到經驗的指導。你可以感到內疚或有其他任何感覺。我們的目的是處理羞恥感，並從記憶中剔除那些自己強加的責備。

對成長和幸福而言，你對自己說話的方式是極為重要且占據基礎地位的。它很重要，你也很重要。我希望你能投身於此。我曾目睹這個過程徹底改變人們的生活，我毫不懷疑，藉由關注自我對話，你將會更了解自己和你的人生。

問問自己——

- 你最常在哪些事情上自責？
- 你內心的自我批評具體說了些什麼？
- 你能精準找出負面自我對話的來源嗎？如果能，它來自哪裡？
- 有沒有哪些觸發事件是你能控制的？如果有，你都怎麼處理它們？
- 你有什麼事是需要原諒自己的嗎？如果有，你會怎麼做呢？

第二章

我害怕被視為一個軟弱的人

——孤立和躲藏不是在保護你。

我們生活在一個社會化的世界裡，科學也告訴我們：作為人類，我們生來就是要交際的。有些人甚至認為這是我們進化的原因。然而，在許多方面，我們比以往任何時候都更加孤立自己。

我經常問和我一起工作的女性，她們的人際系統是什麼樣子的，更具體地說，我在問她們是否有女性朋友。大多數人說沒有；即使有，她們也往往傾向獨來獨往。

也許你也一樣。

當你需要幫助，甚至是處於危機時，你也不會尋求支援。我猜你想要尋求幫助，但腦子裡全是以下這些顧慮：

- 沒人想聽我的問題。
- 克莉絲蒂沒有這些問題。我不好意思告訴她。我可以自己處理這件事。我會搞定它的。她太忙了，沒有時間聽我說這些瑣事，我不想打擾她。

基本上，你可以找到一切藉口不去尋求幫助。

孤立者未必都是隱士。他們沒有潛伏在陰影裡，只是像吸血鬼一樣只在夜裡出沒。這裡說的孤立和躲藏，並不是身體上的，而是情感上的——這些女性在隱藏她們的不安全感，孤獨地掙扎著，拒絕讓別人看到她們。事實上，擁有這種習慣的女性往往性格外向，且交際廣泛，如果遇到這樣一位女性，你會猜想她過著幸福的生活。畢竟，從表面看上去，她的一切都安排得妥妥當當。

但在內心深處，她常常感到孤獨、焦慮和恐懼。就拿我班上的溫蒂為例：

當事情變得難辦，或者當我陷入困境，我會躲起來，因為這比直面所愛之人的評價要容易得多。我這麼做是因為，我知道我還沒做到最好，而且已經在相當苛刻地評價自己了。只有我的治療師知道那有多糟糕。我仍試圖在朋友面前露面，繼續參加喜歡的活動。內心崩潰、感覺做什麼都心不在焉時，我卻假裝一切都很好。這讓人心碎、精疲力竭。當我藏起來，我感到自己麻痺了；這裡沒有快樂，只有時而襲來的痛苦。我覺得自己在對抗這個世界，同時我不能忍受別人知道我是一個失敗的人。

這裡的問題是，在習慣於孤立和躲藏的過程中，恐懼感會占據主導地位——害怕自己看起來很欠關愛，害怕被人論斷，害怕自己的掙扎和痛苦會加重別人的負擔。溫蒂的故事就是一個典型的例子。**我們害怕超越友誼的界線，擔心向別人坦露內心後被人「看破」，因為我們是多麼希望別人覺得我們能搞定一切，但實情卻非如此**。

我們原先的痛苦掙扎已經讓自己感覺很糟糕，這下又雪上加霜，增添更多的恐懼：害怕自己成為負擔，害怕被人評判，害怕自己是唯一有這些問題的人。因此，我們通常會迅速決定不去求助。我最常聽到的是，這些女性想都沒想過是否要去求助。她們的內心沒有因「我應該打電話給她嗎」掙扎過，或者當別人問起自己狀況如何，甚至沒有猶豫過要不要誠實以對。

那些習慣性獨自掙扎和躲藏的女人，從一開始就知道她們不會告訴任何人自己處於痛苦之中。那對她們來說太冒險了。

這習慣是哪來的？

有些人將自己孤立和躲藏的習慣歸咎於害羞或內向，我認為個性可能也有影響，但更多時候，它是因為某些經歷導致的。也許你曾經試著求助，或期待某個人能在身邊，卻因為那些感覺而遭到拒絕或批評。找出時間來挑戰孤立和躲藏的習慣會很有幫助。

以瑞秋為例：

十一歲時，我受了傷，沒有人相信我是真的很痛。從那時開始，我把自己的感受隱藏起來。後來事實證明我需要動手術。這件事讓我慢慢相信「沒有人在意我的感受」、「當我受傷，沒有人會放在心上」，所以我決定不再和任何人分享我的痛苦。當事情變得棘手，我會退卻。我把感覺藏了起來，把所有類似脆弱的東西藏起來，不讓任何人知道。

高中時，我有一群好友，但當事情變糟，或者我不得不嚴肅以對時，我會躲起來。**我害怕被視為軟弱的人，害怕根本沒有人關心我的問題**。有幾次我試著分享和討論我的感覺，但發現舌頭打結，然後我開始哭泣，這讓我感覺比憋在心裡不說更糟糕。那種嚴重的不適使我不願敞開心扉。所以，我再次打退堂鼓。

很明顯，瑞秋的躲藏行為源於這樣一個信念——就算伸手求助，告訴人們她很痛苦，也沒有人會相信她。也許你也有過類似的經歷，而別人告訴你，有那種感覺是錯的。也可能單純是因為在你小時候，人們不會談論自己的感受。

你可能找不到明確的原因，那也沒關係。本書中的許多習慣都是疊加在一起的，因此你可能同時在努力追求完美和讓自己變堅強，而它們都可能指向孤立和躲藏。我們得變得脆弱一點，才能放棄這種習慣，但我們的原生家庭大多沒有提供這種榜樣，也不鼓勵討論這個問題。你可能從來沒有了解過放棄孤立和躲藏的重要性，甚至不知道它們為什麼重要。因此，成年後的你沒有放棄這種習慣的原因更是顯而易見了。

問問自己為什麼要孤立自己、把自己藏起來，這很重要。在日記裡回答這些問題也許會有幫助：**你覺得對外求助會發生什麼事？具體是什麼使你恐懼？**你躲藏的原因與這些問題的答案有很大的關係，**恐懼往往是非理性的，但隨著時間的推移，它們已成為你的真理。**

・無意識的孤立者

或許你還沒意識到，但你可能正在孤立自己。

很多年前，我和一個我認定的真命天子約會，但問題很快就出現。我剛離婚，也沒處理好它，而這段新關係也很耗費精力。離婚的過程是如此醜陋和痛苦，我真心認為朋友都不知道該如何幫忙。當時，如果她們幫了我，我會感到羞愧、恥辱和挫敗，所以無論如何我都不想面對任何人。於是，當我們的友誼慢慢溜走，我轉向另一邊，表現得就像我沒發現或者不在乎。

幾個月過去，我和那個我已發現不那麼完美的伴侶之間的關係愈來愈糟，同時我也把自己藏得更深。我沒有回覆朋友發來的郵件，有時幾個星期都不收信，也沒有回覆簡訊或電話；和朋友聊天時，我還會痛苦地說謊，告訴她們一切都很順利。

我太害怕被人發現了。我也很傷心，不知道如何處理那些纏繞著我的痛苦和感受。為擺脫那些感覺，我想盡了一切辦法：

劣質的感情、購物、喝酒、聚會，以及最重要的：隱藏。我無法面對自己的生活。我怎麼能在別人面前顯露這一切呢？連我都不能忍受自己的經歷，更何況別人呢？

問問自己，是否為分享生活中發生的事情做足了準備。那時我這樣想：我無法忍受我的故事（我認為自己正處在一生中最糟的低谷），我確定每個人都會那樣想，因此我不值得受到幫助。我的生活一團糟，沒人應該管我的破事。這些亂子都是我自己搞出來的，所以我得自己處理。這看起來就像我在透過它嚴厲地愛（tough-love）[2]自己一樣。我的朋友們，這種想法總會，沒錯，我說的是總會，傷你更深。但出路也還是有的，讓我們來探索一下。

如何停止不開心？

孤立和躲藏可能是難以改變的習慣。我們得變得脆弱一點才會想要尋求幫助，而脆弱是可怕的。真的太可怕了。我們可能會受到冷落或被拒絕，或者我們可能會被論斷或批評（雖然有時那是無聲的，但我們能感覺到……我們就是知道）。簡單地說，我們可能無法從另一個人那裡得到我們需要的東西。暴露太多心裡的東西太冒險了，所以我們保持沉默。

同時，就像瑞秋說的，很多人將脆弱視為弱點。我跟她說話時，她甚至表現出對那些分享自身敏感故事的人的蔑視。**因為她很嚴厲地在評斷自身問題，所以她在同件事上也很容易對他人評頭論足。**

此外，有時我聽團體的女性說，她們覺得自己的生活範圍太狹窄了，而這也波及了她們的友誼。一位名叫安娜的女生曾跟我說：「我覺得如果自己沒有向每個朋友完全敞開心扉，沒有傾注所有，那麼作為朋友我就是不夠格的。」許多人不會試圖主動與朋友聯繫，但卻覺得有必要成為他人的支柱。某種程度上，聽別人敞開心扉更容易，在別人面前敞開心扉卻很難。**許多女性喜歡發現並找出別人的脆弱面，卻不允許自己把脆弱面顯露出來。**

我們有時需要決定讓自己更脆弱一些，還是努力讓自己變得勇敢（具體來說，就是當我們必須決定要向朋友求助，還是保持沉默和孤立時），但這兩種結果都會讓人感覺糟糕透頂。一方面，向別人求助時，你冒著暴露情感的風險；另一方面，你又冒著感到孤獨的風險，而這將引發更糟糕的習慣（麻痺、消極的自我對話以及我在本書中所寫的其他行為），這反過來又會讓人更孤立。兩者都很難，你只是覺得後者更讓你舒服，便陷入這個迴圈中，永無止境。

我不是要你今天就打電話召集你的朋友們，傾倒所有的苦水。而且，當然，請不要依賴星巴克的咖啡師，淚流滿面地告訴她你最隱祕、黑暗的祕密。我只想讓你好好想想——你希望在

---

2 指為達到幫助作用而嚴厲對待有問題的人。

走到生命盡頭時，後悔找不到可以依靠的人，或者後悔沒有和你現在的朋友處好關係嗎？我們得練習讓自己既勇敢又脆弱——透過仔細觀察那道我們建立起來、用來自我保護的城牆，並冒險穿越它去試著與外界聯繫。我們必須練習犯錯、反思，然後再試一次。因為我們不是完人。你的個人發展旅程是不完美的，將會充滿失誤和失敗。但是，我保證，一旦開始，你將獲得動力和信心；我保證，你並不孤單；我保證，有成千上萬的女性像你一樣在讀這本書，她們也在恐懼；我保證，透過一次又一次地練習讓自己脆弱，穿過重重考驗和磨難，你會得到你真正想要也應得的愛和關係。

我保證，透過一次又一次地練習讓自己脆弱，穿過重重考驗和磨難，你會得到你真正想要也應得的愛和關係。

如何敞開心扉

當我開始和女性一起工作，我最先問她們的一個問題是，誰是她們生命中的「關鍵參與者」

——更具體地說，她們有一兩個可以依賴的女性朋友嗎？我們完全低估了女性友誼的力量，在現今繁忙和過度規劃的文化中也沒有把她們放在優先位置，但事實上，這些關係的健康是讓我們幸福和快樂的關鍵。

讓我們慣於漠視友誼的原因很多。我們不但不夠重視這些關係，同時對此感到恐懼。許多人曾被朋友出賣過，我們的內心已經不再有信任感了。或許我們認為，我們需要有數十個令我們驚奇的朋友，每天談論日常，每週因喝酒而聚在一起，但這一切只會讓你筋疲力盡，最後只想穿著運動棉衣在家看影片。

很明顯，現在你明白，想擺脫孤立和躲藏的習慣，你需要把脆弱顯露給少數幾個人。我的同事莎思塔・尼爾森（Shasta Nelson）在《親密》（*Frientimacy*）一書中做了很好的總結：多數情況下，**我們寂寞不是因為認識的人不夠多，而是親近的人太少**。

不是要你每天在社群網站上發布自己的隱私給朋友看，而是找到那一兩個人，我喜歡稱她們為「富有同情心的見證者」（compassionate witness）。像其他章節中提到的所有習慣一樣，對於孤立和躲藏，你要做的第一件事就是意識到你正在做這件事。正如我前面提到的，有一段時間，我真的不知道我正在把自己藏起來，逃避每個人。當你讀到這章，如果感到心裡的一顆燈泡亮了，那也不用謝。

・感同身受

富有同情心的見證者是指，能對你的苦難感同身受的人。大部分人沒有感同身受的能力（相信我，這不是一個與生俱來的美德），所以這件事可能很複雜且棘手。

讓我們先排除掉無法感同身受的人。我們都有這樣的朋友，當我們說自己過得很不好，她們並沒有以一種讓我們舒服的方式回應。想像一下你告訴朋友婚姻出問題了，你是否會聽到下面這些話？

更慘女士：「天啊，那沒什麼！我敢肯定我老公在跟他的辦公室主任偷情。」

嗤之以鼻女士：「沒那麼糟吧？我上週剛好看見你們兩個，你們看起來滿好的。」

至少女士：「嗯，至少你已經結婚了。該死的，我已經單身十年了！」

解決者：「你去做心理諮商了嗎？或者讀讀那本關於人際關係的書？要考慮去相親嗎？」

驚嘆者：「什麼?!我還以為你的婚姻很完美！你一定要挽救這段婚姻！（嚎啕大哭）」

自顧自的女士：「啊，真令人失望。是啊，我跟你說，我和我先生這個週末大吵了一架，他居然在我們鄰居作東的燒烤會上喝醉，我……」

對於你婚姻的困境，以上沒有一個回應是你需要的。也許讀到那些話時，你會有一種下沉的感覺，因為……也許別人曾經試圖把你當成富有同情心的見證者，而你卻做出了那樣的回應。啊，這就是人性！沒關係。我們都這樣做過。多嘗試憐惜自己，讓我們繼續看看感同身受到底是什麼樣子。

同樣的例子，設想你剛剛告訴朋友你的婚姻出問題了，而她告訴你：「**哇，聽起來確實很難解……如果你願意，可以再跟我詳細說說嗎？**」你感到很舒服，接著說了更多。然後，當你說完，她回答：「**天啊，我現在不知道該說什麼了。但我很高興你把這件事告訴我。**」就是這樣。**感同身受是指與某人產生同感。**你需要在自己的內心深處尋找並發現另一個人體會到的感覺或情緒。並不是要你像驚嘆者那樣跟她一起陷入泥濘、一起痛苦，以至於她不得不安慰你。**即使你從未體驗過那個人分享給你的東西，你也可以做到感同身受。**

如果你經歷過痛苦、傷害、背叛、不幸、悲哀，所有沉重的情緒，你當然能做到感同身受。你所需要的只是知道它是什麼樣子，並且真正地去實踐它。

我在二〇〇八年參加人生教練培訓時，我們被分成三組。輪到我觀察時，小組裡的另外兩個女人作為教練和客戶進行演練。一人分享說她的丈夫剛被診斷出患有癌症，她崩潰地哭了，另一位則對她說：「哦，親愛的。這真的太痛苦了。很遺憾你不得不經歷這件事。我知道你的心在破碎。」然後她握著她的手，讓她哭。

我目瞪口呆，同時馬上就知道了兩件事：第一，女人之間的互動是美麗的；第二，彼時的我卻不會這樣對痛苦的客戶。我會變成一個解決者，想要幫助她，為她和丈夫制定一個行動計畫。但那不是她所需要的。她需要一個富有同情心的見證者。**我迫切地想要解決問題是因為，我無法忍受她那痛苦的情緒。**

為了表達對某人的感同身受並成為他富有同情心的見證者，你必須能夠舒適地置身於那些不舒服的情緒中。

你可能會想：「哦，那聽起來像和一個神奇的精靈獨角獸做朋友，但它們在現實生活中是不存在的。」我能理解。大多數人都不擅長感同身受，除非他們熱衷於個人成長或從事臨終關懷護理工作。所以，你猜怎麼著？你可以借助你認為富有同情心的見證人練習感同身受。你可以向他索取你需要的，然後照著他的樣子學。**你所模擬的行為也向人們展現了你喜歡被如何對待**（讓我小聲提醒你，選擇孤立和躲藏，逃避每個人，同樣是一種模擬行為）。

這並不是說你需要一個專聽你抱怨的朋友，也不是說你需要一個在你每次生氣或事情發展不順心時都可以打電話傾訴的人。我完全贊成偶爾有意識地抱怨，但我在說的是你生活中更重要的事情。擺脫孤立和逃避別人的習慣並不意味著向別人求助，期待他們神奇地解決你的問題。他們做不到。幾乎沒人能用一句話或一次談話替你解決問題。

這關乎告訴別人你的經歷，這樣你就可以理清自己的感覺；關乎某個人見證你的掙扎；關乎你的痛苦得到見證和傾聽。

這關乎告訴別人你的經歷，這樣你就可以理清自己的感覺了；關乎某個人見證你的掙扎；關乎你的痛苦得到見證和傾聽。

• 關於聽你講故事的人

布芮尼．布朗告訴我們，要在恰當的時間跟恰當的人分享恰當的故事，並與那些有權聆聽的人分享故事。不是每個人都有權利聽你的故事。我想，為了勉強與某人做朋友，我們或許都過度分享或單方面分享過自己的經歷，並希望這次他們能奇蹟般地像那些傑出偉人一樣，以我們想要的方式來回應我們。然而他們沒有。

但是很多人身邊都有一兩個人，他們堪稱富有同情心的見證者（或具有這樣的潛力），而我們只是一直孤立自己或嚴格地跟他們保持界線——這對友誼非常不利。或許他們一直都是好心的解決者，只是我們從沒讓他們知道，我們並不需要解方。這使我想到「信任」這個議題。

我們都知道，信任是一點一點累積起來的。它並非由博大、洶湧的愛的洪流傾注而成，而是隨著時間的推移，靠著微小瞬間（mini-moment）逐漸堆積起來的。例如，我的一個線上課程中，一位女士告訴我們，她正在和一位朋友共進晚餐，她決定要變得脆弱一些，把自己面臨的一個難題告訴朋友。她的朋友聽到後，立刻放下叉子聆聽。那是建立信任的一個微小瞬間，它在說：「我在這裡，我在傾聽，你對我來說很重要。」

但這樣的嘗試也無法每每如願。我們幾乎都被出賣過，嘗過背後被捅一刀的滋味。也許我們把事情告訴朋友，換來的是他們在背後說長道短，或是其他一些可怕的事情，比如鼓動他人和我們作對。或許你已經歷過太多次，想著：「我再也不會相信朋友了。這太冒險，根本不值得。」

相信我，我懂你。總的來說，在我自己的生命中，「別再那麼信任別人」曾是一個我必須留意的問題。但是，如果你想停止孤立、逃避和躲藏，就必須創造並培養一兩段親密的友誼。另外，為了更好地構築、呵護那些友誼，你必須慢慢與那些人建立信任感。

我有時會聽到一個論點是：「嗯，我是那種經常為朋友提供『微小瞬間』的人，但是反過來卻沒人那麼對我。」好吧，這可能是真的。但，就算不中聽我也得告訴你：親愛的，很多時候，如果你不把這些話告訴朋友，他們是意識不到自己做得不夠好的。**如果你不跟別人溝通，別人又如何能給予你想要的東西，在情感走向成熟的路上，成為對你來說重要的人呢？**

•告訴別人你想要什麼

我非常喜歡這句：「**告訴別人你想要什麼。**」除非有人深諳讀心術，否則我們都會陷入困境，所以我們需要告訴別人我們想要什麼，友誼也包含其中。

深深嘆一口氣。你有兩個選擇：

一、繼續躲著他們。他們雖然很關心你，但就是不知道你想要什麼，所以每當你說起自己的難處，他們總是試圖提供解方，或用「沒那麼誇張吧」之類的話勸你。

二、繼續感到沮喪。

或者，你可以嘗試另一種方式。你可以這樣開始對話：「**我要告訴你一件發生在我身上的**

難事，我不需要你給我任何建議。我只是需要你傾聽，也許需要你在最後給我一個擁抱。你能做到嗎？」

你還可以說：「當我把我的事告訴你，你總是盡力幫助我，我真的很喜歡這一點。我知道這表示你很關心我，但如果你只是傾聽，我會更開心。」

你對他們說：「這就是我需要從你那裡得到的東西。」如果你觀察富有同情心的見證者是如何照你的心願做事的，並進行模仿，那你的進步就更大了！**一個真正關心你的人會樂於知道你到底需要什麼，以及如何讓你感覺良好。**

我的一個客戶麗莎，她有個叫凱芮的老朋友，最近她們疏遠了對方。麗莎告訴我，自從有次對對方說了狠話，她們只是每隔幾個月進行一次匆匆而過、流於表面的交談。麗莎非常想修復這段友誼，但需要道歉（不舒服的事情一），表達她是如何受到傷害的（不舒服的事情二），並告訴凱芮她希望這段友誼變得更好（不舒服的事情三）。

深思熟慮過後，麗莎做了充分準備，開始和凱芮交談，依照預想的向凱芮道了歉，並以誠實、善良和清晰的態度告訴凱芮，她對這段友誼的期待。她很緊張。她無法控制凱芮會做出什麼反應，能做的只有讓自己敞開心扉。

謝天謝地，一切順利。凱芮接受了麗莎的道歉，麗莎也擁有了自己需要的東西，現在她們之間的友誼更堅固了。

回憶一下開頭溫蒂的故事，她說她的治療師是唯一知道她過得有多糟的人。她接著如下說：

> 我發現，每次跟朋友說我的問題，會發生兩件事：他們會評價我，接著開始說我應該換一種做法；然後我會被教導為什麼沒有處理好這個情況，以及這並不是什麼大不了的事。跟他們分開時，我感覺比原先更糟了，根本沒有得到理解或支持，這場溝通是失敗的，並以我感到羞愧收場。我通常會求助於一兩個人，在經歷了上述情況後，我開始孤立自己。

當我問溫蒂是否告訴過朋友她想要什麼，她這麼回答：

> 最近跟一位女性朋友一起進行了嘗試，這在以前從未發生過。我告訴她我孤立自己的方式和原因，以及我希望談話過程中她能同情地傾聽。她接著告訴我，我需要做的恰好也是這樣，告訴我的朋友們我想要什麼，並且這樣做完全沒問題。
>
> 告訴別人你想要什麼——這整個觀念對我來說是全新的，實際上，之前我不知道這是

我能做到的事。我以前總覺得人就是那個樣子的，因此產生了這樣的想法：我能讓誰為我做出改變呢？溝通我的需求和優先考慮自己是我過去沒有做好的兩件事，但它們現在是我努力的方向。

誰會想到，對不對？從溫蒂的話中，我們可以引申出幾個假設。她假設如果她敞開心扉，她的朋友們會對她產生不好的想法，並且當她這樣做時，他們也是那樣回應的，所以她認為他們「就是那個樣子」，完全無法改變。

再說一遍，這樣做的結果並不總是完美的。你的朋友可能因此生氣，因為她覺得你在說她「做錯了」。表達想法很重要，你可以用一種誠實、善良、清晰的態度表明你想要什麼。但正如一句老話所說：「如果不主動提出自己想要什麼，你就永遠得不到它。」記住，你有權利告訴別人你想要什麼！

- **善待你生命中最重要的人——你**

如果你發現孤立自己和把自己藏起來對你來說極有吸引力，那麼我可以肯定地說，你內心的自我批評正處於全盛時期。或許它正在你心中用麥克風大聲廣播：「不跟任何人談論你的問題才安全，你是唯一這樣掙扎的人！」之類的廢話。

所以，我的朋友，到了練習善待自己的時間了。在上一章，我已經給你一堆相關工具，但我還想再重複一下，特別是在你生命中沒有富有同情心的見證者的情況下。

不管出於何種原因，要是友誼使你感到孤獨，就留意一下你內心的自我批評吧。

還有，記住麗莎是如何與朋友溝通的，那真的很棒，不是嗎？嗯，世事並非總那麼順利。很多年前，我有一位親密的朋友，她見證了我如何度過生命中最艱難的時刻。但有一天，她開始不回我電話。後來我終於打通電話，問她發生了什麼事，她直截了當地告訴我，她想暫時跟我停止往來。我覺得被那位朋友拋棄了。她說那不是永久的，她只是需要休息一下。

我不知所措。

數年過去了，我不得不寫信給她，向她道歉，因為我對她來說不是一個好朋友。她收下了我的信，後來再也沒有回覆過我。直到今天，我仍不能完全理解自己當時做錯了什麼。

當然，我立刻開始胡思亂想。我告訴自己我是一個糟糕的朋友；寄給她的最後一封電子郵件使我極其苦惱：我又說錯了什麼？她為什麼不再喜歡我了？為什麼我這麼糟糕？

坦白說，現在我依然很痛苦。而且這可能會持續很長一段時間。但我不會讓這段經歷為我其他友誼蒙上陰影。我意識到，當我再度需要向最親密的友人敞開心扉，這段經歷確實讓我有點杯弓蛇影，但關鍵在於我知道它會在什麼時候發生，以及為什麼會發生，然後我會做出不同的選擇。這很難嗎？對，非常難。這裡我想說件重要的事，在那段經歷裡我曾經有過一些想法，換作是你，也許也會那麼做。

當我第二次為她背離了我們的友誼而感到極度痛苦，我開始胡思亂想。我深信自己是一個糟糕的朋友，當那些真正艱難的時刻來臨，我不應該向她吐露內心的痛苦。我和我所經歷的痛苦都太沉重了，這段友誼是無法承受的。我太沉重了，我的生命太沉重了，最終結論就是，我是一個糟糕的人。我對這樣的自己深信不疑。

帶著覺察、好奇心，以及堅持努力，我才克服那段往事，知道自己不是一個糟糕的人或糟糕的朋友。經過了許許多多的努力，現在我能夠向我最好的朋友坦露我的掙扎了。

信任是隨著時間慢慢建立起來的，不能強人所難或一蹴而就。

- **繼續堅持下去**

我最不希望看到的是，當你試著與他人建立連結，而事情進展不順利，你便放棄，並把我的書扔到房間一角。我引用這段經歷，不是要證明你應該保留自己內心所有的掙扎，把它們封鎖起來，不再嘗試聯繫任何人。

等你發完脾氣，重整旗鼓後，我需要請你再試一次。說實話，初次嘗試時，事情不太可能都進展得完美。其他事不也都是這樣嗎？個人成長當然也不例外。我能向你保證的是，你如果能對自己和成長負責，一次又一次地去嘗試，就會感受到進步。耐心和毅力是你的朋友，親愛的，付出所有努力去擺脫孤立自己的習慣，培養人際關係，深深地愛自己是值得的。

問問自己——

- 生活中陷入困境時，你是否想要孤立自己或躲起來？如果是，為什麼？
- 你的生命中有「富有同情心的見證者」嗎？如果沒有，你能想到一些具有這種潛力的人嗎？如果能，他們是誰？如何使他們成為你的見證者？
- 你需要對你的友誼做一個「清理」嗎？你需要有意識地與當前的一兩個朋友培養友誼嗎？
- 你能致力於練習感同身受嗎？你會怎麼做？
- 如果你在友情方面真的很掙扎，要如何處理好你內在的自我批評呢？

第三章

停止習慣性麻痺，直面未知的恐懼

——學會經歷所有情感，你會活得更好、更有適應力，也更幸福。

我遇過很多想要變幸福的人。若是再加上安寧與自由，他們便擁有了幸福三重奏。幸福很好，對嗎？我的意思是，誰不想要幸福？誰不想要歡樂、狂喜、樂觀和愛？這感覺就像人們用所有你最喜歡的食物、音樂和朋友給你辦了一場派對。

那麼恐懼、焦慮、悲傷、失望和緊張，這些困難得多的感覺又如何呢？它們無論到哪都不有趣或值得慶祝，我們該怎麼面對它們？嗯，我們把它們打包，然後遠遠推開，盡我們所能當它們不存在。這是許多人一直在生命中實踐和完善的習慣。

然而，我所能肯定的是，如果你不讓其他所有感受和經歷也同樣在你內心流淌，那麼幸福，甚至安寧和自由，都會窒息而死。**所有我們推倒和逃避的「更難纏」的東西，實際上都是療癒和歡樂的關鍵。**

說白了，我們讓自己麻痺，是因為我們不想去感受。面對更難處理的情緒時，我還沒有見過有人會因此興奮，或大聲呼喊：「我迫不及待想要感受它！」我們寧願繞開這些感覺，而如果我們必須處理它們，則更希望只要藉由「想」和「做」就能解決。要是拿到一份待辦清單，我們會仔細思考並把它完成，但如果拿到手的是「感情」，那還是算了吧。一個很明顯的原因是，會痛。我們知道不要把手放在燃燒著的爐子上；我們知道不要穿小兩號的高跟鞋。當我們意識到有東西會傷害我們時，我們通常會遠離它。所以面對情感上的痛苦時，很少有人會睜開眼睛、張開雙臂跳入那個洞穴般的開口，準備接受這一切。大多數人會把自己緊緊綁在一枚火箭上，然後火速飛往另一個星球。

一直到快四十歲時，麻痺還是我自己選擇的習慣。當掙扎和痛苦出現在我的生活中，你幾乎能看到我身後的火焰——那表示我正以多麼快的速度逃離它。

在**飲食障礙**、**互累症**（codependency）[3]、**戀愛成癮**（love addiction）[4]、**酗酒**等惡習的漫

長恢復期中，我學會了**麻痺**——至少我知道那頭野獸在我個人生命中是什麼模樣。二十幾歲時，我游離在它之外，因為當時我只會那麼做。恐懼、憤怒、悔恨、怨恨、焦慮、悲傷、羞恥和脆弱都如此混亂和恐怖，我一點也不希望它們出現在我的生命中。

也許你看著這長串的情感，想著：「是的，慢走不送。我寧願吃些蛋糕、喝點酒，或滑滑手機隨便看點什麼，讓那些感覺永遠滾開，阿門。」多年來我就是這麼想的，同時，我也搞不懂為什麼生活不能如我所希望的那樣。我只是想擁有真正親密的關係（即便一想到那些我就嚇得屁滾尿流），想讓事情順利進行，想讓自己感到幸福。然而一切都不是這樣發展的，所以我換了一個方向，試圖藉由做別的事（詳見第八章〈放過自己，你不必事事完美〉、第十章〈如果放棄「控制」，你害怕發生什麼事？〉）來達成它，當事情始終沒有按照我預期的那樣發展，我愈來愈生氣（詳見第十二章〈不靠指責別人逃避自身的問題〉）。因此我變得更加與世隔絕，陷入一個不斷重複的惡性循環中。

也許你的思考過程沒有我那麼糟糕。我有位私人客戶正在與麻痺對抗，她說：「一天結束的時候，我只想『結帳退房』。」我想在精神上遠離我的生活，去一個不用做媽媽的地方。」我過去常常稱之為「迷你假期」，我也這樣做過。在我三十多歲時，任何壓力、緊張或不確定性（嗯，大概就是，日常生活）都能讓我想喝上一大杯酒，它能幫助我飄到遠處。我可以到那個甜蜜的地方待上幾小時，不用關心那麼多，也感覺不到生活的重擔。這是一種與世隔絕的方法。很快，我發現自己每天喝酒只是為了應付生活，更別提應付我前面幾十年從未著手處理的那些無意識垃圾話，它們就像垃圾掩埋場一樣層層堆積起來。

不管你是因為討厭自己的人生還是僅僅是為了應付它才變得麻木，補救辦法都是注視那些你不想遇到的麻煩，經歷掙扎並感受它，然後繼續前進。聽到這番話，你可能想揍我一拳，但這是絕對真理。當你學會經歷所有情感，你會活得更好，變得更有適應力，同時感覺更幸福。

你最終會明白是你的麻痺讓你感覺很糟糕。也許你現在就處在這個讓你恐懼的地方，在這裡，壓抑情感的痛苦超過了面對它的恐懼。

挖掘你人性裡的自然和真實就是你的自由和幸福。

我喜歡引用佩瑪・丘卓（Pema Chödrön）《當生命陷落時》（*When Things Fall Apart*）中的這句名言：「只有一再暴露在毀滅的邊緣，我們才能在自己身上發現那堅不可摧的東西。」

3 也稱共依存症、共依附，指照顧者和被照顧者之間失衡的依附狀態，也是一種病態的關係。互累症並非一種正式被診斷的疾病。

4 一種涉及戀愛感覺的、被動性的病態行為模式，並非一種正式被診斷的疾病。

我在前一本書中寫道：「所有被療癒的痛苦都將成為智慧。」我們很多人都有仰慕的榜樣，我們希望擁有這些榜樣的智慧，我們也許會讀他們的書，參加他們的研討會。或者，還有一些人，當我們感覺很糟糕時，會打電話給他們。他們似乎總是有著極好的洞察力和完美的建議（無論我們是否接受）。但這些人卻並不會像我們這樣做，因為他們的人生一帆風順。他們未必更幸運，那種智慧與力量並非與生俱來或被神仙眷顧，而是當他們的人生以某種方式分崩離析時，他們選擇面對，而不是逃避。最終他們變得更好更強。他們獲得光明，是因為他們穿過了黑暗。

只有一再暴露在毀滅的邊緣，我們才能在自己身上發現那堅不可摧的東西。

——佩瑪．丘卓

我很喜歡一個字，「AFGO」（Another Fucking Growth Opportunity），它代表「又一個成長的機會」。AFGO的出現相當有規律，可以把它們視為邀請函。當天氣風和日麗、事情一帆風順，我們沒有變得更好。當事情分崩離析，我們把碎片撿起來，我們才會變得更好。

情感上的痛苦就像身體的疼痛，它在警告我們有些事情是錯誤的。它在向我們傳遞重要的資訊，在集中我們的注意力，讓我們知道自己是否應該改變生活中的某些事情。

當天氣風和日麗、事情一帆風順，我們沒有變得更好。
當事情分崩離析，我們把碎片撿起來，我們才會變得更好。

試著把那些情感想像成人，看看會怎麼樣？假設一個郵差踩著自行車路過（假設他是萊恩．葛斯林[5]），在你耳邊低語：「嘿，小姐。那個人完全是在虐待你。那很不好。該設立界線，該坦率說出來了。我知道你感到痛苦和悲傷。」

我敢肯定你不會把萊恩推開或要他騎上自行車快滾。你可能會請他進來喝杯咖啡，聽聽他接下來怎麼說。承認你被虐待了嗎？是的，萊恩，再告訴我一些吧。設立界線？呃，那不好玩，

5 Ryan Gosling，加拿大男演員、導演、編劇、製片人、音樂家和商人。

但是得做，它很必要。坦率地替自己說話？很棘手，但你能做到。

我知道事情並不總是一成不變的。但有時確實如此，經過練習，它就變得不那麼可怕了。

令我們麻痺的所有方法

一些常見的麻痺人的方法，如食物、酒精、毒品、購物、賭博、工作和運動，都是眾所周知的。一些同樣熟悉但我們不常聽到的是網路（大家都使用過社群網站吧）、愛（通常是不健康的愛）和性、咖啡因、忙碌、規劃、假裝快樂，有時甚至——我敢說，還有自救。

你可能一直在用其中一種方法，或者每種都用到了一點。關鍵是不要去想它們，或因自己的麻痺行為自責——關鍵在於，知道你的麻痺行為是什麼。我知道，這聽起來很瘋狂，但請繼續讀下去……

麻痺 vs. 安慰

這是這個習慣棘手的地方：我們用來麻痺自己的方法，跟我們安慰自己時所用的方法是相同的，但是當我們把自制力拋諸腦後，我們就進入了分離領域。需要靠洗盤子來安慰自己嗎？不，那就讓我們花費三個小時把房子裡裡外外打掃乾淨，並以此逃過晚宴。過了糟糕的一天，想靠瀏覽幾分鐘社群媒體把它忘掉？一個月後你意識到，比起在現實生活中和真人互動，你花了更多的時間在瀏覽社群媒體。

要如何區分你是在安慰自己，還是在讓自己麻痺於憤怒、恐懼及其他不愉快的情緒？首先，你必須意識到麻痺正在發生。你在個人發展的旅程中走得愈遠，就愈能意識到它的發生。很多人會心不在焉地看電視，直到一個小時後才意識到自己已經吃光一整袋薯片。或者，他們極力否認每晚喝四杯葡萄酒已經遠遠超過他們所需要的。

問問你自己，你真正需要的自我關懷是什麼？真的是吃杯子蛋糕或喝威士忌嗎？我不打算告訴你孰是孰非——然而，親愛的讀者，你應該知道答案。

毫無疑問，這是一條下坡路。你也在這條路上排著隊嗎？你是否會預留一部分時間專門做一些讓自己麻痺的事？我也希望我能在這裡畫一個方便的小表格幫你弄清楚，但我不知道對你來說那些行為都是什麼——其實，除了你誰也不知道。但當你做那些事時，你會知道答案。

此外，有時你知道你正在麻痺自己，但不管怎樣你還是做了。遇到這種情況時，不妨大膽試一試。看看它對你有什麼幫助，或者它最終是否會讓你感覺更糟。你可以叫它「有意識的麻痺」或「留心的檢查」。自己檢查一下，看看它是自我關懷的問題，還是已經變成了一種習慣。

我希望，讀過本章和這本書後，你能對自己的觸發事件有一個新的認識，知道自己會在什麼時候麻痺自己，並且盡最大努力改變自己的行為。然後，一路憐惜自己。

為什麼你要麻痺自己？

處理這個問題之前，要先問自己一個重要的問題。拿出你的日記本，或者乾脆在書的空白處，寫下這個問題的答案：

你認為＿＿＿＿＿＿（填寫你的麻痺機制）能解決什麼問題呢？

換句話說，你試圖用麻痺趕走生活中的哪些東西？你可能會馬上回答「壓力」之類的。但我想知道，還有什麼？**壓力下面隱藏的是什麼？如果你屈服於壓力，並在壓力下崩潰，會發生什麼事？**那是什麼？硬要猜的話，我想它可能是面對失敗、恐懼、焦慮或批評之類的事情。

這裡可能會有一大堆你不敢面對的感覺和經歷，所以將它們全部趕走會更加容易。

許多女性因完美主義的巨大壓力或患得患失而選擇麻痺自己。背後可能有各種原因，我認為對你來說，知道「為什麼」並且深究下去很重要。即使你不知道具體原因，即使你的解釋只是「因為我害怕」，你也會得到一些成果。

麻痺時，我們會與內心保持距離。最終的結果是我們漸漸遠離了自己的人性。從我們不能達成的期望，到我們編造的關於理想生活的故事；從我們認為自己應該能快速地「處理這攤破事」，到在內心深處尋求每個人的認可。

因為置身其中——和我們有缺陷的人性待在一起——是不舒服、不確定和可怕的。但這就是我們所擁有的一切，同時也是我們問題的解答。

不得不說，還有一個原因使得女性特別傾向選擇麻痺自己的情感——同時也是刻板印象（不是男人不用面對這個問題，只是這之中似乎有性別差異）。在美國文化中，「情緒化」被認為是一種弱點。作為女人，我們被告知我們的眼淚是歇斯底里的，我們太情緒化或過度敏感；我們被說成某種瘋狂的生物，頭腦時常不清醒。

為了能繼續在職場打拚，或繼續一段漠視我們情感的關係，或繼續顯示出自己堅強的樣子（詳見第九章〈不要把「堅強」當成你的榮譽勳章〉），我們封鎖了自己的情感。

那麼，現在呢？一旦知道為什麼，你就知道該怎麼做了吧？好了，把袖子捲起來，因為你即將學著把那些裝在行李箱裡隨身攜帶幾十年的東西拖出來。箱裡的東西，所有你可能認為不受喜愛的東西，都是你的一部分。因為它是你的一部分，所以它是美麗的。讓我們開始吧！

如何停止不開心？——你能真正使用的八大工具

我永遠不會只是說「別再麻痺啦」和「相信一切都會好起來的」，這麼做就像是在大冷天裡把你赤裸裸地從我的車裡推出去一樣。感受情感是一個需要習得的過程，而你已經拋棄它很多年了，很可能幾十年來你一直在以一種不同的方式行事。所以，現在，抓起一把面紙、一本雜誌、一個出氣筒，也許還有一個奶嘴，供你在如嬰兒般蜷縮時吸吮——開玩笑的。

我要提供你的第一個工具是，**當那些情感出現，把它們大聲說出來**。蘇珊．愛瑞兒．蘭博．甘迺迪（Susan Ariel Rainbow Kennedy）給了我這個建議。她說只挑一個詞就行，比如「悲傷」、「歡樂」或「怨恨」。這聽起來可能有點傻，但我聽很多人說過自己甚至不知道該如何開始，他們遠遠不曉得自己的身體真正感受到了什麼，以至於當各種情感出現時，他們根本無從辨別。這項初步的練習能給你帶來一個小而簡單的開始。

第二個工具，我喜歡稱之為**「受控的情感衝動」**。選擇一個你不會被打擾的日子（在那天你有幾個小時的空閒），然後，放一些愛黛爾（Adele）的音樂，拿出舊信件或照片，開始挖掘那些陳舊記憶，然後放鬆。哭泣、尖叫、捶枕頭，拿出球棒猛擊拳擊袋，再配上能讓你在精神和情緒上到位的任何音樂或聲音。我覺得浴室是能讓我安心坐下來嚎啕大哭的地方。選好地方，打開情緒閘門。

我的朋友兼同事，執業臨床社工蘿拉．博巴斯克（Laura Probasco）曾有如下描述：

受控的情感衝動或創傷釋放是療癒過程中重要的一環。作為人類，我們把創傷和情感儲藏在記憶中，而為了保護自己免於面對痛苦的現實，這些記憶通常會被封鎖或壓抑。**允許自己回到過去並重新審視這些想法，不僅能為你提供面對它們的能力，還能療癒創傷**。

人們往往會在受控的情感衝動中崩潰，因為他們害怕自己無法走出來。他們想：「如果我沿著這條路走下去，如果我故意讓自己為此哭泣，我就無法相信自己會停止哭泣。」我的學生謝麗爾曾經坦白：「我覺得我的痛苦是一個黑洞。我害怕開啟或探索它，因為我太害怕裡面的東西，害怕自己失去控制，害怕痛苦會劇烈到把我殺死。我不明白它為什麼會在那裡（它已經在那裡很久了），而我也為它感到羞愧。這很難，因為我不想讓任何人（包括我自己在內）知道我傷得有多重。於是，我想著，如果我是這樣一個破破爛爛的人，為什麼有人會想要待在我身邊呢？

對某些人來說，凝視痛苦的深淵似乎是不可能的任務，這樣說並不是在輕視誰。深淵裡可能會有創傷和悲痛，甚至是巨大的痛苦，所以這麼多年來你一直試圖把它趕走並不奇怪。你一直在以自己所知道的最好方式照顧自己——把它趕走。

但事實是，**趕走情緒的唯一方式是接納它們，感受它們，然後讓它們離開。你的感情是信使，它們希望被傾聽、被尊敬，然後被釋放**。

所以問題便是：那個痛苦的黑洞哪裡也不會去。我明白這會讓人無力——無論是測量它的深度，允許它出現，或者更糟糕的，讓別人看到它。最近，在經過一番努力之後，我意識到我有一些悲傷還沒有被處理過。我不敢把它釋放出來，害怕它會把我整個吞沒。但我從可靠的經驗中得知，如果我一直將悲傷藏在心裡不把它釋放出來，它會消耗我的精力，更不用說剝奪我的幸福了，所以我決定把它釋放出來。經過一番考慮，我決定讓我最好的朋友（我富有同情心的見證者之一）參與這個過程。

如果讓我內心的自我批評來決定，我可能就要獨力完成此事了（在我拖了大約五十年之後）。但我知道，允許朋友和我一起努力，能在我們的友誼中建立信任和親密，幫我療癒創傷。

再說一遍，我知道我的例子對你不一定有用，但我想讓你知道，這是可行的。幾年前，我和謝麗爾一模一樣。我害怕自己的情感。因為它們比我強大，我無法控制。我甚至認為把它們坦露給別人是可笑的。但如果你邁出嬰兒般的一小步，後續改變是完全有可能的。

第三種工具是，**理解你的經歷可能是混亂的**。一個人同時擁有兩種情感，或對同一個話題頻繁產生情感波動是很常見的。而我們想要擁有確定性。當我告訴女性要致力於信任自己和她們的情感，她們無論如何都想準確地知道自己感受到的是什麼。我現在希望你信任自己的情感，不要過多深究。

第四個工具是，**首要接受你的情感是值得存在的**。你有沒有把你的痛苦和別人的比較過？你認為自己的經歷比他們的糟糕嗎？或者不那麼糟糕——因此不值得為此痛苦？我聽到很多女性說，她們不覺得自己的經歷和那些真正受過苦的人的一樣糟糕，所以她們告訴自己可以繼續不表達情感。

作為一個意識到自己的特權和幸運的人，我理解這個見解。當別人承受著更重的疼痛和苦難時，我怎麼能感受到疼痛和苦難呢？所以，是的，和我相比，有人承受著更劇烈的疼痛和苦難，與你相比也是如此。但這並不是說你要成為一個殉道者，在社群網站上發文：「天哪，請大家都來看看我有多痛苦。我痛苦的程度是十級，你也是嗎？」

天啊，不。我能確定的是，那些因為你認為不值得去感受而被你拋開的情感正在讓你窒息，讓你變得渺小，將你塞進一個盒子裡。這對任何人都沒有好處，尤其是你。你認為忽視自己的痛苦能減輕別人的痛苦嗎？並不能。這毫無意義。**你這麼做是在削弱你的靈魂，阻礙你得到愛、發展、成長和幸福。你英勇地努力讓自己保持渺小，不讓別人感到不舒服，但事實是沒有人要你這麼做。**沒有人會為此感謝你，所以請停止這樣做。

某些時候，我們也常會評判自己的情感，這也是錯的。也許你會十幾年如一日地為逝去的愛人傷心；也許你覺得現在你應該「更好」；也許有人傷害了你，而你試著說服自己，那個人不值得你沮喪。但你仍然會那樣做。你只需要試著注意一下，你是否「表決」或評判過你的情感應不應該產生。

我們評判自己情感的最常見方式，就是認為我們根本就不應該有這些情感。如果你把它們全部趕走將會怎樣？如果情感就像出汗或打噴嚏呢？你不能阻止它們（有時我們忍住噴嚏，就會改為放屁，所以不管怎樣，有些事終將發生）。情感和情緒的產生不過是一種身體本能，何不就試著接受它？

第五個工具是，**注意你是否接受了人們開給你的情感處方**。當我發現我的第一任丈夫已經出軌七個月，我感受到極大的羞辱。我跟某些人這麼說後，他們說：「你不應該感到恥辱！他才是那個做錯事的人！應該難受的人是他。」我非常困惑，因為我知道在這種情況下我沒有做錯任何事，同時人們告訴我，我感到被羞辱是不對的。但那是我個人的經驗，我的感受。如果我感覺到恥辱，它就存在。

當有人告訴你應該有何感受，要知道他們可能是出於好意，並且設身處地在為你著想。我們人類很奇怪——很難忍受別人的情感，因此經常說錯話。重點是，要明白你的感情是你一個人的，不能任由別人差來遣去。

第六個工具是，**對它們感到好奇**。我記得有一次在播客上，我聽到一個女人在講她酗酒的故事，因為酗酒，她兩次弄丟自己的孩子。聽到這些，我不僅批評她，還對她生氣——她就不能稍微處理一下這些破事嗎？她怎麼能這樣對待她的孩子，一再做出糟糕的決定呢？當我意識到這些情感出現，我好奇地問自己：「為什麼我會有這種情感？我害怕它發生在我身上嗎？她的故事反映了我自己的生活嗎？」對自己的情感好奇，我們便打開了一扇深入挖掘內心的門，同時也允許我們體會自己的感覺。注意，我沒有評判自己的感覺，我只是好奇為什麼。

發現自己在評判自己的情感，同時覺得自己有這些情感是錯的，是很有幫助的。有一些訊息對你很有用，但前提是你要有好奇心。

第七個工具是，**直接說出你的感受**。沒想到自己會聽到這個吧？傾訴的對象可以是你的治療師、搭檔、最好的朋友，或者媽媽——你信任的任何人。讓他們看到你的痛苦和其他所有情感。我在第二章中談到了更多相關細節，在這裡我同樣不會一筆帶過。我要說的不是把你所有最深、最黑暗的祕密傾吐給你的送貨員，而是了解和信任恰當的人。

孤獨是最令人沮喪的情感之一。有時即便被人群包圍著，你也會感到孤獨。問問自己：**你是否選擇藉由不與任何人接觸來麻痺自己的情感？你是否把自己的情緒都藏在心裡，不讓別人知道？**如果是這樣，我可以向你保證，儘管乍看有幫助，但其實一點用處也沒有。你可能覺得暢所欲言很可怕，但把情緒藏在心裡只會讓它們惡化，同時讓你感到孤獨。

第八個工具是，**學會信任自己和自己的情感**。這種特別的感受情感的方式對我來說是全新的，而且我是如此高興，猶如醍醐灌頂。讓我再解釋清楚一點……

我已到了厭倦逃避情感和一事無成的人生階段。當我清醒，不再用酒精來麻痺所有情感，緩慢但必然地，許多問題像氣泡一樣噗噗冒出表面。恐懼、悔恨、悲傷、憤怒、失望——這還只是其中一部分——所有曾被我掩蓋的包袱，一下沒了藏身之處。我基本上不會再逃避，是時候面對現實並努力前進了。我知道我需要停止我的習慣性麻痺，但我不知道什麼會應運而生。當所有情感蜂擁而至，我並沒有欣然接受。一開始是一場史詩級的糟糕暴風雨。情感似乎會從不知名的地方突然冒出來，有時我會驚慌失措。我的第一反應是憤怒：你覺得我一無所有嗎？連麻痺機制都沒有？我覺得我是個被看穿的新手，我感到灰心喪志。逃走並躲起來讓我覺得更安全。

當我進入這個未知的領域，我感受到強烈的恐懼，原因在於，我不信任我的感覺。正如本章前面謝麗爾的故事中所說：「我覺得我的痛苦是一個黑洞。我害怕開啟或探索它，因為我太害怕裡面的東西，害怕自己失去控制，害怕痛苦會劇烈到把我殺死。」我們知道，光是站在那個洞穴的邊緣，就足以讓我們痛苦，我們無法想像睜著眼睛跳進去會有多困難。

明確地說，我不是要你冒冒失失地一頭栽進去。那麼，邁出幼兒般的一小步怎麼樣？當你發現自己迫不及待抓起一杯（或整瓶）酒時，注意到它，並制止自己。或者當你試圖說「我很好，這完全沒關係」卻衝進商場購物時，停下腳步，真實地描述自己的情感。漸漸地、一點一點地，你可以慢慢地開始相信自己和你的內心，你將會，真正變好。

也許有時候，你會變得更好。我的朋友荷莉，一個承認自己為了能「結帳退房」，從食物、香菸到酒精全都用上的女子，為了擺脫麻痺而不知疲倦地努力著。具體來說，戒酒改變了她的一切。她寫道：「在我做出顛覆性選擇（不再喝酒）的那一刻，我發現自己找到了一直以來追尋的整個生命中的一切。從那一刻開始，我過去曾盼望卻求之不得的一切開始展現在我眼前。我今天的生活和幾年前相比截然不同。這完全是因為我選擇停止麻痺，開始敞開心扉。」

事實上，沒有人會因感覺而死亡。沒有人會因為允許自己施放情緒之火，並踏入其中而死。最讓你害怕的是對未知的恐懼，然而我可以向你保證，你真正想要得到的東西——讓那種痛苦平息，就在你允許那些情緒出現的彼岸。你的身體知道該怎麼做。你知道該怎麼做。你所需要的，只是對此付出一點點信任，並且採取行動，小步向前。

我可以向你保證，你真正想要得到的東西——讓那種痛苦平息，就在你允許那些情緒出現的彼岸。

・真正的難關

我已經寫出日常生活的全部壓力，但真正的難關呢？

就在我忙著寫這本書時，我的父親去世了。這件事發生時我已經戒酒五年，我總是會想，當我面臨這樣一個難關時，我會做什麼。我可以喝酒嗎？我想喝酒嗎？如果不喝酒，我會縮回到其他麻痺行為裡去嗎？

他離世那晚，我和他單獨在一起。那天他接待過客人，而我的繼母在他過世前三十分鐘回家睡覺了。他臨終時，我正在為他演奏巴布・狄倫（Bob Dylan）的音樂，並向他講述我最喜愛的童年往事。回想起來，這真是絕對而明確的痛苦。

在接下來的幾天和幾週裡，我明白了人們口中的「感覺周圍的世界在崩潰」是什麼意思。然而那並沒有什麼意義。我覺得自己的胸口有一道無法承受的重量，我無法接受這樣的事實——他永遠不會再給我唱生日快樂歌，或者親吻我的額頭。聽到某個人活得比他久時，我會很生氣，因為那意味著那個人享有更多時間。

即使感到找回了自我，有時我也會一個人待在家裡。我發現自己只是坐著，聽著時鐘的滴答聲，然後開始恐慌：也許他本想在最後一刻告訴我一些重要的事情，卻悄悄地離開人世，而我錯過了。我恐慌於他的離開，恐慌於我的孩子們在成長過程中無法真正體驗到他的愛。如果我的身邊太過安靜和空曠，我會覺得那些情感好像要將我整個吞沒。

在父親去世前幾週，我選擇飛回家鄉聖地牙哥陪伴他。我給我的同事瑪莎・喬・艾金斯（Martha Jo Atkins）發了封電子郵件，告訴她我父親快走了，以及我有多難過。她在回信中強調的一件事是：「在最艱難的時刻陪伴你的父親，有可能成為你一生中最困難和最有意義的經歷之一。即使很難過，但你能做到的——選擇留在他身邊而不是逃避這件事。這就是大愛。」

選擇留在他身邊而不是逃避這件事。

因為，老實說，我有點想留在北卡羅萊納州而不去陪他——為了避免看到他日漸衰弱下去，為了避免自己在看到他離世時痛苦不堪。我想讓自己沉溺於工作、瑣事以及其他一切事物，這樣就不用面對和感受那種靈魂破碎的痛苦了。

但我沒有。我坐上飛機，飛越整個美國，本質上是奔向痛苦。「只有一再地暴露在毀滅的邊緣，我們才能在自己身上發現那堅不可摧的東西。」

我是如何做到的，我是如何避免麻痺自己並繼續做下去的呢？答案就是我在這一章中所寫的一切。我知道**我的情感就是我的情感，它們沒有錯**。我已經感受到悲傷、懊悔、怨恨、悔恨、憤怒、暴怒、失望、安慰、內疚、煩躁等情緒，也許還有更多。我允許自己的情感豐富多彩，我不會去評判它們或試圖弄清它們的意思。我已經對圍繞著我的情感的行為負責了——換句話說，**我無法控制我的感受，但我可以選擇如何回應它，或基於它選擇對待別人的方式**。有時光是周圍人們的存在或他們的呼吸就會讓我暴怒，但我相信我的情感會平息下來，而不是粗暴地讓他們滾蛋。我曾被我的悲傷和其他情感搞糊塗過，不過沒關係，我已經談過我的情感並把它們寫下來了。

我認為我做過的最重要事情，是讓自己夠信任自己——相信自己的這些情感沒問題，我沒問題，這些都是生命的一部分。生命永遠是又美麗又痛苦的。經歷悲傷就像在火中行走一樣，這或許是我們遇過最可怕的事。我們確信，如果不處理它、把它推開或一路戰鬥，自己就無法完成這一切。就算不能筆直前進、一帆風順，我們也都理解——畢竟前路無常。

但我能肯定的是，這道火焰（這種痛苦和悲傷以及所有其他情感）是我們所擁有的全部。這是我們能體驗到的生命之美的最有意義的證明。

・在孩子面前表達情感

讓我們花一分鐘談談在孩子面前表達情感。在一切「難處理的」情感（憂傷、深重的悲傷和失落）面前，我的原生家庭都不能為我提供榜樣。我不知道體驗到這些情緒是可行的，當它們出現時，我嚇到了。我從小就被教導要堅強，堅強是榮譽的勳章，我驕傲地戴著它。我想，「看看我有多堅強。沒有人能打倒我。」

近二十年後，當我開始踏上個人成長之旅，並有了自己的孩子，我知道以前的做法是不健康的。我想塑造健康的情感，卻發現自己在問：「把什麼表現給孩子是健康的？什麼又是不健康的？」我前面提到的朋友瑪莎是這方面的專家，她創立了死亡與臨終研究所（the Death and

Dying Institute），所以她知道一些這方面的事。在回應我的問題時，她有如下描述：

如果你像妖怪一樣趴在地板上尖叫，同時用腳踹地，用手捶地，用這種方式顯露情緒會嚇到你的孩子，這對他們沒有任何幫助。而如果你是在別人懷中淚流滿面，不停嗚咽，這有益於讓孩子在看到他們所不熟悉的眼淚或聽到不熟悉的聲音後消除疑慮——他們會知道你沒事，只是真的真的很悲傷。你的孩子可能需要不止一次地消除疑慮，他們需要看到健康的悲傷。你因為想變得堅強而藏起眼淚，不讓他們看到你哭泣，把一切都藏在心裡？這令人欽佩的行為是不必要的，最終對你或你的孩子也都沒有益處。孩子們需要榜樣，這樣他們才能明白，當悲傷的事情發生了，那些重要的情感是可以被分享出去的。

我真心認為總是試圖在孩子面前故作堅強，是在給他們幫倒忙。我們以為自己在保護他們，但實際上如果我們從不向他們展示發自人性的情感，便是在發出一則訊息：我們認為他們沒有足夠的力量去見證那些情感，同時他們也沒法從他們信任的人身上看到人類真正的韌性。他們信任你，所以請以身作則，向他們展示如何信任自己的情感和感受吧。你不會每次都做得很完美，但你依然可以嘗試。

改變麻痺的習慣對你的幸福至關重要。你生來就有韌性，能夠應付生命中各種困難，你完全可以在那些艱難情緒的彼岸茁壯成長，真正的強大是直面你的苦難，而不是遠離它。

問問自己——

- 你用哪些方法來麻痺自己？
- 你為什麼這樣做？深入挖掘並思考它背後藏著什麼。
- 列出所有能幫助你感受情感的工具，想想哪些對你來說最困難？哪些你能承諾做出嘗試？
- 關於下列問題的日記：

——如果我們的情感對我們來說恰好是完美的，會怎樣？

——如果我們所有的情感都不「壞」，或者「錯」，會怎樣？

——如果感受你的情感只是人生的一部分呢？

第四章

停止「比較」，為自己感到自豪

——比較，是強大的能量和幸福殺手。

我總是拿自己和別人比較。即使對象是陌生人。我覺得每個人都把一切整理好、安排妥當——除了我。我告訴自己，我永遠無法擁有想要或渴望的東西，我會永遠孤單一人，因為我不是那種能得到自己想要的東西的人。我不像其他人那麼幸運；我不聰明，不夠漂亮，也不夠風趣。——寶拉，四十六歲啊，比較。低自尊由它構成。我不確定有誰能逃脫，女士們。你可能知道得過於清楚了。看到某個人，一個網路上的人、同事、你最好的朋友、電視上的名人、街上的陌生人時，你會從他們身上找出某件事來跟自己比較。有時你會拿他們現在擁有的東西、現在正在做的事情，和未來將會擁有的東西與自己比較。

你有意無意地說服自己，他們有一些你沒有的東西，他們是那種你永遠無法成為的人。無論他們擁有什麼，都是有定數的，並不屬於你。並且，你覺得自己很糟糕，或特別希望自己能達到那個人的位置。

舉一個恰當的例子：我最好的朋友艾咪有一段完美的婚姻。她和丈夫在一起二十年了，兩人決定不生養小孩，同時把跟對方的關係放在第一順位。他們成熟而充滿愛意地解決分歧，在他們身邊，你就知道他們彼此深愛至極。這對我來說，實在是前所未見。

我有一段旁人眼中「合格」的婚姻。我帶著傷痛走入這段婚姻（我的第二段婚姻），同時經歷了一些糟糕的事，這並不是什麼祕密。我和丈夫有兩個上小學的孩子。看起來有點特別，對吧？我覺得那是一段極好的婚姻——在這段婚姻中，我們不斷努力過得更好，但有時候，當我看到艾咪的婚姻，我覺得自己的婚姻並沒有那麼好：他們給彼此留下的愛的短箋、他們創造的祕密語言，以及每週從不略過的約會夜晚時不時喚醒我內心的自我批評。我所聽到的是，我應該擁有他們所擁有的，我還不夠努力，我不是一個夠好的女人或妻子，我的婚姻還不夠好。

在這個要有更多、要成為更多、要做更多的世界上，「比較」可能是一個真正的大獲全勝者。

如何停止不開心？

讓我以這句話作為開始：我不會要你停止比較。重點在於，管理它。即使社群媒體會向你發來種種鼓舞人心的名言——幸福的關鍵在於停止這種習慣；比較只是人類經驗的一部分。總之，學著管理它，而不是在那裡駐兵紮營，這樣我們就可以不再煩惱，而是創造出更多的幸福。

可以肯定的是，有**許多人不是用社群媒體來讓自己感覺良好，而是提醒自己有多少人比我們更好**。事實上，你用來比較的對象會故意炫耀腹肌，在度假時擺拍，親吻他們的伴侶，展示他們擁有的一切極棒的事物和成就。但大部分時候，他們坐在馬桶上滑手機，開車上班，辛苦養育孩子，擔憂自己的存款，因吃太多冰淇淋而胃脹——你知道，正常人百分之九十八的時間都在應付這些。大多數情況下，你是在用你的日常生活，跟那些人們選擇在社群媒體上向世界展示的極少數時刻進行比較。這就像讓麥可．費爾普斯（Michael Phelps）[6]和我的七歲女兒一起參加游泳比賽。儘管我非常相信孩子的狗爬式能力，我還是知道她會輸掉那場比賽。這表示她是個輸家嗎？當然不是。這意味著她永遠不能成為奧運會游泳運動員嗎？不，答案同樣是否定的。簡單地說，比較是毫無意義的，同理，用你在社群上看到的人去衡量自己的生活，也不是一項公平的比較。

大多數情況下，你是在用你的日常生活，跟那些人們選擇在社群媒體上向世界展示的極少數時刻進行比較。

「比較」讓我們相信，別人擁有不同於我們的事物，一些我們想要的事物，所以我們無法擁有它。我意識到自己正在拿自己的婚姻跟艾咪比較。我的朋友擁有一段非凡的婚姻，並不表示

6 美國游泳運動員，擁有二十八枚奧運獎牌，為史上獲得最多奧運獎牌的運動員。

我不能也擁有。觀察一下你自己也在哪些比較中編造了類似的故事。

跟別人比較時，你往往輸多贏少。你很少會沉浸在比較的海洋中，開心地認為：「唷！我的生活／身體／房子／關係這麼好，比她的好太多，我真是太高興了。」另外，把自信和滿足感建立在別人的短處上，並不是健康的建立自尊的方式。

・親近你的成功

你每隔多久會為你的成就自豪？我會把這個任務定期指派給私人客戶，而讓我驚訝的是她們的表情。她們不僅很難看見自己的成就和成功，也不願意這樣做。她們認為這是在吹牛，太不謙虛。這也難怪——作為女性，我們從小到大都受到這種教育：取得成功時，不要大驚小怪。

在進行這項任務時，列出一個簡要的清單。換句話說，你原本可能打算寫「得到升遷，因為我剛好是下一個資歷符合要求的人」。不，不，不。正好相反，要寫下「我得到了升遷」或「我被評為×××年的頂尖銷售員」，而不是「被評為×××年頂尖銷售員（但門檻很低）」。（如果這對你來說真的太難，你可能需要密切關注第六章的內容。）重點是，你要麼做了這件事，要麼沒有。在說明自己是如何完成清單上的內容時，不允許做出任何限定或使用藉口。

同時，這份清單不限於「贏得普立茲獎」，或是「成為天文物理學家」這類巨大的成就。從國中順利畢業、取得高中文憑這樣的事情開始寫就可以。也許你通過了大學的有機化學課程，生育或領養了一個嬰兒，離開了你的家鄉，戒了菸，教會孩子使用便盆（這是不小的壯舉），或成功給自己做了法式美甲……在這清單上，沒有「事情太小，不值得說嘴」這回事！

現在到了有趣的部分——學著為自己感到自豪。

女性在感覺自豪時產生極度不適感的主要原因，在於她們有著這樣的信念：自豪等於自戀或吹牛。「保持謙卑是高貴的，所以就略過我們取得的成就，繼續清單上的下一件事吧。」我們暗自思忖著，沒有人喜歡自吹自擂的女人，最好保持渺小和安全，不要關注自己。

我不要求你把成就清單發到社群上，甚至不要求你告訴任何人。或者，如果你覺得很難完成這項任務，試試這個：想像一下，原本沒有人知道你的成就清單，除了你。你的成就清單對任何人來說都無關緊要，除了你自己。

接下來，我想讓你看看你的清單，對自己說：「我做了這一切。」記住，不要做出任何限定或使用藉口。繼續說：「我做了這一切，我為自己感到自豪。」試著這樣說一分鐘。這份清單和驕傲是屬於你的，只屬於你自己。

你可能已經花了人生的大部分時間在思考別人的成就比你的更高。是時候親近自己的成就，並真正為自己創造出來的事物感到自豪，因為你做到了！允許自己沉浸在對成就的滿足中，將有助於你管理那些讓你垂頭喪氣的比較。

・控制你能做到的

去年某段時間我在ＩＧ上瘋狂取消追蹤一批人。我意識到自己之前追蹤了一堆健身及日常瑜伽訓練的帳號。我的本意是，我可以跟著那些影片練習。或許你也料到了，關注這些帳號幾個月後，我意識到自己的感覺實際上變得更糟糕，並沒有受到鼓舞。我的身體和柔軟度明顯不同於那些專家和達人，不僅如此，我發現自己在假設他們都活得比我好。我的意思是，如果你能在三十秒的影片內靈活得像禪宗信徒一樣，並在三步內完成深蹲跳，那你一定有極好的完美人生，對吧？

清醒時，我知道這不是真的。我意識到他們跟其他人一樣，有真實的生活和真正的掙扎。但是，在我觀看那些影片的短暫時刻裡，我感覺到了小小的無力感，隨著時間推移，它變成一個吸走快樂的黑洞。

這些小疼痛疊加在一起，能給你帶來更大的打擊，就像用平底鍋敲你的頭。單獨來看，可能不會帶來太多的傷害，但是隨著時間經過，它們積累了起來，並會影響你的整體感受。更重要的是，會對你的自我感覺造成不利影響。

有趣的是，當我的手指徘徊在「取消追蹤」鍵上，有一瞬間我慌了，並產生這樣的想法：「如果我不追蹤他們，一定永遠不能好好健身。」天啊，荒謬至極。不管怎樣，我還是取消了追蹤，繞過我內心的自我批評，並且完全確信，未來我的身心健康不仰賴於ＩＧ上有著發達腹肌的「柔軟小姐」。然後，我轉而追蹤那些能讓我發笑的帳號，而不再讓我感覺自己不夠好。

現實生活中，你可能也同樣需要取消對某些人的追蹤。顯然你無法擺脫那些會觸發你的「比較情結」的人，他們可能在你的友誼圈邊緣，可能是那位隔壁部門的女生，你總是在快樂時找她聊天；可能是總是穿著令人驚豔的服裝、有個剛剛升職的好男友的女孩；也可能是一年一度家庭聚會上的表妹，她開始創業了，看上去總是很開心，而這正是你的痛處……如果這些人觸發了你的不開心開關，如果你覺得待在她們周圍不舒服，而且斷了和她們的來往也不會有什麼嚴重的後果，那就這樣做吧。

當然，不是每個觸發事件都能取消追蹤，但認真想想，你有能力控制、會驅使你進行「比較」的東西。社群媒體就是其中龐大的一環，而你在電視上看到的內容是另一種。我有個朋友只要看《與卡戴珊一家人同行》（Keeping Up with the Kardashians）這個節目，就會覺得自己的人生很慘。她和那些實境節目的明星比較一切——從銀行帳戶到頭髮，每次看完都感覺很糟。於是她停了下來。任何觸發事件疊加起來，無論它們是大是小，都會形成你對自己的整體感覺。

此外，想想你認為什麼是勵志。把自己瘦了九公斤的照片貼在冰箱上以「激勵」自己吃得更健康？或者這只能刺激你拿現在的自己跟以前相比較，讓你更不開心？你有Pinterest帳號嗎？裡頭有你夢想中的家、夢想中的壁櫥、夢想的關係、夢想中的一切？你仔細研究它們，只為了讓自己開心一點？你的底線在哪裡？「勵志」的真正定義是：引起或喚醒一種感覺或想法。

你的目標是，意識到你正在這樣做，如此一來，你就能立刻選擇不深陷「我是宇宙頭號失敗者」的信念裡。我在第一章向你們介紹了咒語，這裡我要再次使用它。在這種情況下，我們要用它來吸引你的注意力，並把你從比較的陷阱中拉出來。記住，咒語和正面肯定不一樣。正面肯定是，當你拿自己跟美國小姐相比較，你告訴自己你有多棒，但是在這裡，咒語的作用僅僅是喚起你的注意，把你從絕望的深淵中拉出來，或者更恰當地說，是讓你在陷入深淵之前抓住自己。我向來最喜愛的咒語是：「哦，**它就是發生了**。」我只是在陳述顯而易見的事實，它是中性的（不必因此而自責或過度肯定），它允許我劃定界線，因此我可以選擇另一種行為。

你的目標是，意識到你正在這樣做，如此一來，你就能立刻選擇不深陷「我是宇宙頭號失敗者」的信念裡。

比如，有天我在臉書上看到某位人生教練，她比我早幾年成為教練，在網路上很有名。她發文說她正在前往倫敦的路上，將在一個活動中發言。當下只需要點幾下，我就能看到她旅行演講時行經的所有充滿異國情調的地方，但那跟我沒什麼關係，我從沒去過北美洲以外的地方，從沒。以下就是我的思考過程：我永遠不會有像她那樣的演講生涯。她沒有小孩，我敢說她的生活肯定充滿購物旅行、溫泉日，她可以到處隨便走走，做她想做的事。不到一分鐘的時間裡，靠著臉書上的一則發文，我編出一套完整的故事，不僅講述了她的生活，還講述了我的生活是多麼沒有價值，以及我的未來注定一片黯淡。幾分鐘的胡言亂語之後，隨著我感覺愈來愈糟，我意識到發生了什麼事，並對自己說「嗯，它就是發生了」，同時關掉筆電。此外，我並沒有試圖轉變想法，告訴自己我有多棒，或者我總有一天會周遊世界去演講。這是把自己「逮個正著」的一刻——意識到發生了什麼事，同時改變方向。

即使「比較」似乎是最難放棄的習慣之一，但我相信，這是一件你可以靠努力做到的事，你的自我感覺也會好些。以二十九歲的作家兼媽媽達斯為例：

從我開始跟其他處在同一空間的女人相比較起，我便開始寫部落格，至今六個月了。她們之中有許多人都比我更有經驗，也沒有面對我所遇到的一些獨特的挑戰。我做了一切嘗試——從模仿她們的風格到改變我的外表，就為了成為另一個人。

我不停這樣做，直到我花了一些時間建立我自己的網路小空間，在那裡我可以大聲說出自己的真實想法，不害怕作為我自己站出來，也不會靠模仿別人的行為舉止來掩飾自己。放棄比較的另一個巨大好處是，我已經成熟到夠了解那表面的平靜和完美髮型下，包裹著一個普通的人類。

我還是有拿自己和其他女人比較的時刻。現在，讓我回顧一下，記住我所取得的成就給我帶來多少愉快的感覺，想想我已經走了多遠。放棄比較的習慣不僅使我對自己的生活更滿意，而且增強了我的創造力。舊有的生活不再吸引我了！

比較可以成為強大的能量和幸福殺手。這個習慣可能很難消失，但你絕對、肯定有能力控制它。注意，使用你的工具，並且持續練習，你會在人生中發現更多快樂！

問問自己——

- 你最常拿自己跟誰、在哪方面比較？
- 你能承諾做出什麼樣的改變，以免自己陷入比較的泥沼？
- 寫下你的成就清單。
- 在被你視為「激勵人心」的事物中，有沒有哪些實際上讓你感覺更糟糕？對此你能做些什麼？

第五章

你何苦搞砸自己的人生？

——一切進展順利，你卻破壞它、走老路，這就叫「自我毀滅」。

清楚知道自己想要什麼，便迎來了生命中一個激動人心的時刻。正式成年在召喚我們！也許我們結束了有毒的人際關係，也許我們看穿了自己習慣創造的模式，同時準備好開始一種健康的成年人的人際關係了。

或者我們希望在工作中出類拔萃。我們知道自己可以在工作中賺更多的錢，所以我們承擔額外的專案，開始一步步往上升遷。

我們在人生中不停地跳躍，為自己感到高興，因為我們覺得生命的價值不僅在於希望得到我們想要的東西，還在於追求它。大家來擊掌慶祝吧！

然後事情在這時變得有趣。

你跟伴侶的關係進展得很好，然而你開始回想前面幾段失敗的戀情。你不習慣現下的成功，你甚至不知道該如何行動。你可能害怕自己的缺點被人發現，於是你躲起來，離群索居，同時疏遠你的伴侶。

或者你在工作上取得了一些成就，這讓你恐懼。你感受到了壓力，接著你問自己：「我要怎樣做才能支撐下去？」內心的自我批評走了進來，並開始對你呼來喝去，說你不配得到升遷，其他同事有更多經驗和更好的學歷，而且你遲早會把事情搞砸的。

有時候，你明明知道該怎麼做，卻採取了相反的做法——這對你或其他任何人都沒有意義，但你還是做了。也許你會選擇跟伴侶吵架，或開始跟別人調情。或者更糟的，也許即使當前這段戀情令你滿意，你也還是出軌了。

工作上，你搞砸了專案，放客戶鴿子，還在假日聚會上喝得太醉，在跳電臀舞時向眾人展示你的丁字褲，跟宴會主人親熱。你一直知道不應該把這一面展現給同事們，也完全能意識到這些不是最佳選擇，但無論如何，你還是這樣做了。

我的朋友們，這就是**自我毀滅**（self-sabotage）。它是你生命中一場充滿隱喻色彩的毀滅性競賽——它在漫無目的地四處亂撞，偶爾會看看自己弄出的一地殘骸。不幸的是，這不是遊戲，而是你的人生。

這就好像你試圖進入一種自我平衡——在那一刻你會感覺極為舒適。那是一個受到監控的空間，有點小，無論是人們發出的評論，還是它陷入崩潰時引發的痛苦，都不會太令人難以忍受。**你好像期待著它無論如何都會崩潰，於是你試圖創造一些無可避免的結局，搶在引發一地殘骸之前行動，好把自己的命運掌握在手裡**。

在我更加深入這個問題之前，我想我有必要指出兩種類型的自我毀滅——有意識的，和無意識的。有意識的自我毀滅者知道他們所做的事情正在損害他們的人生，而無論如何他們都選擇這麼做。有時他們很在意，想要做出改變但不知道怎麼做，或者這些有意識的自我毀滅者根本不在意這點。

以麗滋為例。她說：「我注意到，當我的戀情、友情或任何一種關係進展得特別順利，我會試圖破壞它，**因為那樣就沒有人能傷害我了**。我會離開他們，或和他們決裂。我以前不是那樣的，但自從離了婚，我開始這麼做。我曾讓那個人進入我的人生和我的內心，但最終並沒有得到好結果。我想我只是不想再經歷這種事了。我覺得跟誰關係緊密真的太不值得了。」

或者如麗蓓嘉，一個年輕的單身母親，她跟一個男友分分合合糾纏了幾年：「這是一段完全不健康的關係。我知道。」她也和別人約會，但每次她單身時，總會打電話給那個男人。「甚至在我拿起電話給他發簡訊前，我都知道這麼做是錯的，我知道結果會很糟糕，但我還是做了。」

麗滋和麗蓓嘉是兩個典型的有意識的自我毀滅者。她們知道自己所做的一切並沒有好處，她們知道如果做了不同的選擇，就可能會得到真正想要的人生，然而她們正在有意識地做決定——做出那些無論如何都對她們沒好處的選擇。

無意識的自我毀滅者實際上並不知道他們的行為是在傷害自己，讓自己更加遠離理想的人生。這種行為在感情中很常見，尤其在你習慣於不健康的、草草收場的伴侶關係的情況下（看看我在本章開頭舉的例子）。你和一個身心看起來很健康的人建立關係，事情進展得很順利，然後有一天，你發現自己在給前男友發簡訊，問他是否還需要他以前的辣妹合唱團CD——嘿，他想約你見面並喝杯咖啡？你試圖說服自己這沒什麼——我的意思是，他可能真的需要那張CD，而且那只是喝杯咖啡而已，對吧？你開始和你的新男友吵架，指出他做錯的每件事。你還沒反應過來，他就和你分手，一切都結束了。然後，當你看到前男友，你會很快想起當初分手的原因。你就是不懂，為什麼自己總在同一個地方摔跤。

換句話說，你可能正穿著你的高筒靴，把幸福和一切你真正想要的東西都踢走。你為此責備其他人，或把它歸咎於你自己的缺點，或者甚至聲稱是你的「叛逆個性」導致這一切，但事實上，你內心深處還有更多的東西。

我們會這樣做有幾個原因。

一是要做真正能實現我們目標的事情，無異於和脆弱熱舞——這可能行不通；我們可能達不到目標，可能會失敗，可能會分手，人們可能會對我們說三道四；即便成功了，人們還是會說三道四，或者對這種改變感到不舒服。這一切都太沒保障了，而我知道你們喜歡事情的結局都能得到保障。

我們是如此沉迷於「確定性」，要放手並相信自己和宇宙實在太可怕了，我們無法也不會這麼做。

這真是叫人進退兩難。我們要麼待在原地自我毀滅（看起來很差勁），要麼去追尋我們想要的東西（也是又可怕又差勁）。我們傾向於選擇最熟悉的選項：待在原地、走原路，進而自我毀滅。這看起來可能很瘋狂，或者說極其愚蠢，但基本上我們就是不喜歡改變，因為那令人緊張不安。如果維持不變，我們會知道結局是什麼，某方面弔詭的是，這讓我們比較舒服。

第二個原因是，你就是不喜歡你自己。自我厭惡通常會導致某些行為，進而你在心中強化對自己的糟糕評價。換句話說，通常在潛意識層面，**你在不斷蒐集證據，證明自己不配擁有任何美好的東西，同時逐漸破壞「別人可能會愛你」的想法**。

一個恰當的例子：麗蓓嘉，那位年輕女子，她知道前男友對她是有害的，但還是回到他身邊。可以肯定地說，在內心深處，她的自我價值不高，所以選擇一個好男人會讓她感覺不舒服，而且對她來說，這種感覺似乎很陌生。她已經習慣看輕自己，因此她會一再選擇能使她確保這個信念的男人也就不足為奇。

也許你並不討厭自己，如果是這樣，你的自我毀滅就只是一個徹底的壞習慣。健身和飲食是一個常見的例子。你知道你需要好好吃飯，多運動，你知道該如何做，也許你還買了很多蔬果和一台果汁機，你已經準備好了。但是蔬菜都放到壞了，你還是沒有動過它（或者你只是習慣了拖延）。沒有動能導致沒了幹勁，這個習慣很難打破，於是很快你發現自己又開始吃垃圾食物，而你不明白為什麼會這樣。

如何停止不開心？

那麼，有什麼補救辦法呢？如果你是一個自我毀滅者，我會幫你把步驟分解開來，你要做的就是採取這些措施，停止這些行為，從此邁向很棒的新生活。

•承認，並講出來

看看過去那些你覺得自己摧毀了人生的時刻。人際關係、工作、健康和適應力以及金錢（是的，金錢）方面是最常見的，能確定你實際上到底發生什麼事。

問問你自己：我到底在逃避什麼？例如，麗滋可能是在逃避信任任何人，因為她在離婚時受過傷害，但她把這種不信任延伸到友誼和戀愛中。明知這樣不好，麗蓓嘉還是傳了訊息給前男友，這也許是她在逃避關注自己人際關係中的問題。當她知道將有何結局，她會擁有短暫迸發的、沒有負擔的樂趣，與面對一段新關係帶來的不確定性或痛苦剖析自己為何總是遇人不淑相比，對她來說更容易。

•開始著手做

現在，列兩份清單：

一、**列出你真正想要的東西。**不是「我想要一輛特斯拉汽車、更多的錢和一個帥氣的男朋友」。你當然想要那些，但你真正想要的，可能是**讚賞、認可、自由、安寧、親密和人際關係**。繼續深入下去，問自己更大的問題。因為說到底，**我們想要的不是這些東西，而是會因此得到的感覺或經歷**。事情總是這樣。對於你所有的辛勤投入和努力，你想要得到認可和褒獎是沒有問題的。這個過程看起來就像一次升遷。在一段健康的關係中，想要獲得親密感和連結感也是可以的。這一切都是你應得的。

二、**列出一份患得患失清單**。例如，也許你想要的是一段健康的關係，然而深入想想，你發現自己想要的是親密感。你可能害怕自己真實的一面被人看穿，比如你不完美的人性私欲、缺點和其他所有一切。也許你曾被拒絕過，或者你在童年經歷過的精神創傷再度出現了；或者，升遷和加薪（以及獲得認可和讚賞）後，你覺得難以維持現狀；或者，備受矚目時你會感到緊張。**弄清楚你到底害怕什麼，會讓你更接近問題的核心，並獲得療癒**。不弄清楚是什麼絆倒了你，你就無法解決它。

弄清楚你到底害怕什麼，會讓你更接近問題的核心，並獲得療癒。不弄清楚是什麼絆倒了你，你就無法解決它。

• 尋求協助

是的，又是那個討人厭的、脆弱的東西。這一步是向那些有幸聽到你講故事的人尋求幫助。我在這本書裡特別強調了這個主題（詳見第二章〈我害怕被視為一個軟弱的人〉）。一旦開始認清自己真正害怕的東西，你就會發現它與「被關注」息息相關：展現真實的自己，冒著被接受的風險……當然，也可能被拒絕。但是，我希望你能夠向某人訴說你的恐懼，承認你已經在×××方面自我毀滅很久了。

如果讓自我毀滅成為心中的小祕密，它便會活躍在你的生活中並茁壯成長。一旦你把它拿出來放在寬敞的地方，用光照一照，它就會開始崩潰。即使你繼續自我毀滅，也很難再繼續毀滅，而且你已經把其他人拉進來了，他們能有愛地讓你負起責任做出更好的決定。

• 採取行動

更具體地說，是採取不完美、可怕，但卻勇敢的行動。使用了以上三個基本工具，你能好好地鎮壓自我毀滅的行為。深入挖掘自我毀滅的習慣，並告訴另一個值得相信的人（這件事你已經做到了），是很需要勇氣的。

然而，練習勇敢絕不是一帆風順的，所以把它設想得混亂一點。當你發現自己想要陷入某個自我毀滅行為中，卻反其道而行一頭栽進那些不確定性中——無論是積極爭取升遷而非放棄，或是邀請新朋友出門走走而非獨自捧著大桶冰淇淋大吃特吃——一些奇怪的事情可能會發生。你可能無法獲得升遷，而你的新朋友也可能有其他計畫。

在那時，你內心的自我批評可能會翻出所有證據，以證明為什麼你不應該採取任何行動或向別人索求。但重點是，**你選擇了鼓起勇氣，而不是順從舊習慣**。

或者，也許你在努力的過程中，不知不覺又回到自我毀滅的道路上，內在的自我批評也重新回歸。但是，這些都是過程，而不是最終結果。一次邁開一步，一次處理一個習慣、一個決定和一種處境。

下一次當你意識到自己在自我毀滅時，問問自己：「**最終沒有選擇鼓起勇氣的話，會怎麼樣？要是將來我知道，雖然當時很恐懼，但自己本可以採取行動，我會原諒自己嗎？**」

我們無法擺脫恐懼，但我們必定能克服它。

自我毀滅雖然看似違反直覺，卻意味著選擇快速、簡單，在某些時候甚至是有趣的方法。就跟你在本書讀到的所有習慣一樣，它永遠不會為你帶來你真正想要的結果，它永遠無法代表你真正的心意，但是你已經如此習慣於那種特殊的行為，以至於它已經變成了你的第二天性。很多時候，直到從自己一手策劃的人生爆炸中撿起自己的殘骸，你才能意識到自己在自我毀滅。

自我毀滅是一張一次又一次將你送上自我厭惡之旅的單程票。不要讓它困住你。你非常棒、非常聰明，有能力改變那種毀壞幸福的習慣。

問問自己——

- 如果你在自我毀滅，你是有意識的還是無意識的？
- 深入挖掘，為什麼你認為自己在自我毀滅？
- 你真正想要的是什麼？不是某個物品，而是你想要得到什麼樣的感覺和經驗？
- 你到底在害怕什麼？
- 你能和誰分享這段經歷？
- 你會選擇何種不完美、可怕卻勇敢的行動？

第六章

被「冒牌者症候群」困住的你

——人們稱讚你，絕不是因為被你給「騙」了。

你是否有過這樣的經驗：你完成了一件偉大的事情，並為之驕傲了五秒鐘，然後立刻懷疑，大家什麼時候才會發現你有多無能？或者，你會不會為發生在你身上的好事找藉口？像是，你升職了，卻想：「嗯，可能是高層施壓，要求讓一位女性升遷，我才得到這個職位。」

在《成功女性的祕密想法：為何成功人士會受困於冒牌者症候群，以及如何克服它》（*The Secret Thoughts of Successful Women: Why Capable People Suffer from the Impostor Syndrome and How to Thrive in Spite of It*）這本書中，作者瓦萊麗．揚（Valerie Young）如此描述：

> 本質上，冒牌者症候群指的是人們深信自己缺乏智慧、技能或能力。他們確信別人的讚美和對他們成就的讚賞是言過其實的，並把自己的成就歸功於機會、魔力、人際關係和其他外部因素。他們無力內化自己的成功，或無法感覺到成功是自己應得的，不斷懷疑自己是否具有再現過去成就的能力。當他們成功，他們感受到的是焦慮的減輕，而不是喜悅。

每次談論這個議題，女性都會產生共鳴，她們首先驚嘆的是：「我從來不知道它有個名字！」冒牌者症候群是你內心自我批評的一個特殊部分，它可能比你認為的還要常見。以瑞秋為例：

> 我上了護理學校，並且以優異的成績畢業。但整整幾年，我都覺得考試時自己肯定是碰巧猜對了答案，（那時）我真的不知道、不理解或不熟悉那些訊息。
>
> 現在，我是急診室的護理師，而且認為自己是那裡最不稱職的護理師。我知道自己很

關心病人，但還是每天都覺得我的同事和老闆一定知道我是最差勁的護理師。我為畢業而自豪，但我不覺得我應該為身為急診室護理師而自豪，因為我並不認為我做得夠好，值得為自己驕傲。

許多女性感覺自己在工作中像一個騙子，但這種感覺不會止步於此。在戀情中，她們同樣覺得自己是個騙子，這對女性來說是很典型的情況。凱倫說：「我和男朋友在一起快十五年了。雖然我知道他喜歡我，從不想離開我，但我仍擔心有天他會醒來，懷疑自己究竟為什麼要跟我在一起，然後和我分手。至於友誼，我總是等著別人說他們只是在遷就我，因為他們早已意識到我有多可憐，只是不想讓我感覺更糟，才一直假裝是我的朋友。」

關於冒牌者症候群，一件最讓人震驚的事情是，女性並不知道它的存在。她們不僅驚訝於它是「真實存在的」，而且同樣驚訝於其他女性也會像她們那樣思考和感覺。她們意識到，女性普遍會自責，但她們很難接受身邊那麼多女性都覺得自己是個騙子。這使她們被蒙上了一層額外的孤獨感。

為什麼會有冒牌者症候群？

毫無疑問，當我們到了某個年紀，所有碎片都會拼合在一起——因為我們搞懂了自己許多信念、習慣和行為是從哪裡來的，以及家庭對我們產生了什麼影響，更不用說在我們印象中，父母、手足和師長對我們的看法。我不相信有人能毫髮無傷地度過童年和青春期，即使他們在一個健康的家庭中長大，有一對好心好意的父母。我們大多數人的成長都帶著一些瘀青和傷疤。

各種經歷最終使你具有冒牌者症候群。也許你的父母只注意到你有一門課拿到了「B」，而忽略其他門課的成績都是「A」，或者他們刻意忽略你的成就，為了讓你保持謙虛，不想把你培養成一個自視甚高的孩子。或者你因為報名參加拼字比賽而受到表揚，但你在第一輪比賽就遭淘汰出局，於是覺得自己根本不值得被表揚。也許你有一個在學業上很努力的手足，那麼你的父母肯定不會過多地誇獎你。或者，也許你的姐妹被貼上「聰明的孩子」的標籤，你則是那個「搞笑的孩子」，這使你覺得自己永遠無法像她一樣。

除了那些從童年就開始孕育欺騙感的因素，可能你還在一個會使你自我懷疑的環境中工作。可能你的同事大多數都是男性，這讓你感到需要加倍努力才能讓自己的想法和觀點得到傾聽。

或者你事業有成，頗受尊敬，人們對於你個人和你的事業都抱有很高的期望。

或者，上述這些都沒發生在你身上。

如果真是這樣，我幾乎可以保證它來自我們的文化——一種極度輕視女性的成就和智慧的文化。因此即使你已經夠好、夠聰明、夠有經驗、夠有資格，這些根深柢固的核心假設還是會告訴你，作為一個女人，你擁有那些簡直荒謬至極。我們認為這是不合常理的——我們可以是偉大、聰明、有成就的，不過伴隨著那樣的想法，我們基本上不可能接受和信任自己。

換句話說，這基本上不是你的錯。但是改變這個慣性思維卻取決於你，因為它就是，一個慣性思維！你絕對可以改掉「我是個騙子」這樣的想法。

如何停止不開心？

擺脫因冒牌者症候群而產生的糟糕感覺，與你內在的自我批評有很大關係，但當冒牌者症候群發揮作用，你的自我對話絕對更清楚。如果你讀了對冒牌者症候群的描述並且想著「是的，這是我！」，你已經完成了第一步，知道自己在和什麼對抗了。

認識了討厭的冒牌者症候群後，你可以採取幾個看似很小，但實際上很重要的步驟來幫助自己。致力於實踐其中一項，你會看到轉變。實踐每一項，你將看到很大的不同。

・面對真實

首先，讓我們假裝一下。讓我們像冒牌者症候群對你說的那樣，告訴自己你真的對自己正在做什麼一無所知，你真的在愚弄每個人，這是真的，其實你是一個大騙子，無敵大騙子。好的，認真想想我剛才說的話。這可是一項大工程，是一樁巨大的搶劫案，就像去偷英國女王收藏的所有帽子之類的。你在假定被你愚弄的人們是徹頭徹尾的傻瓜。他們是如此愚蠢，沒有意識到你完全不稱職，也沒有讓你得到懲罰，就繼續讓你濫竽充數。

我希望你明白，上述的設想完全是不合理的，你至少要承認其中一些成就。藉由給予周圍的人一些信任，知道他們不太可能被你徹底愚弄，你會意識到自己實際上擁有一些無可非議的技能和專業知識。因為，聽著：你確實擁有。

・注意你的語言

接下來，注意你的語言。**當你談及個人經驗、技能和成就，注意一下，你是不是用過「僅僅」、「只是」、「只」或「只不過」這類字眼？**如果是這樣，你就是在逐漸摧毀你自己，除此之外，也讓別人知道你是怎樣看待個人經驗、技能和成就的。這一小步，實際上可能是相當大的一步。大聲、清楚地向別人表達自己，這樣做不是為了別人好，而是為了你自己。

我不是要你成為一個自大狂，每天二十四小時不間斷地自吹自擂。我是在要求你注意陳述：「我只不過為公司創立了新的系統以增加收益，因此今年我們的營利增加了百分之四十三。」不，這樣不行。放上「只不過」這個詞，聽起來就像任何傻瓜都能做到。把它改為：「我為公司創立了一個新系統以增加收益，這使我們今年的營利增加了百分之四十三。」

大聲、清楚地向別人表達自己，這樣做不是為了別人好，而是為了你自己。

換句話說，真正大聲地承認你所做過和完成的事情。你內心的自我批評可能會發瘋，大聲叫喊「紅色警戒」，告訴你一些像是「保持謙虛——沒有人想聽別人吹牛」的話。如果這些發生了，很好！第一，**你要學會傾聽喋喋不休的內在自我批評**；第二，**你離改變你堅持了幾十年的想法、信念和模式更近了一步**；第三，**傾聽你內心的自我批評，感謝它把該說的都告訴**

了你，然後繼續前行。允許自己使用那些不貶低你，且不會讓你自認渺小的語言。你可以為自己的努力、工作和你自己負責。請獲取自己的力量！

• 接受正面回饋

下面這件事對你來說可能很痛苦。我猜，收到正面回饋時，你會採取下面其中一種，或者全部做法：要麼把它歸因於你從別人那裡得到的幫助（即使只是很小的幫助），藉由回想自己過去犯的錯誤（好將它抵消掉），完全無視它；要麼回到最初的想法，好奇他們何時才會發現你只是一個騙子。

關於正面回饋，我想讓你思考兩件事：

一、要是你不無視它，而是聽取正面回饋，並將對方視為真誠的人，會怎麼樣呢？要是他們告訴你的，是他們對你和你的工作的真實看法呢？要是他們沒騙你呢？

我希望你在收到正面回饋後試著停頓一下。生活中，**當我們本能地想要做或說一些讓我們感覺糟糕的事情時，「停頓」是一個非常重要的工具**。停頓可能是一場你跟內心自我批評的搏鬥，要完成它需要用到大量的踢打和尖叫，你需要在那種不舒服的處境中坐一會兒。接納回饋的表面意義，而不是批判它或輕視它，要客觀地看待它。

二、要是你仔細傾聽稱讚的內容，並就它的實質上的意思接受它，就像某個人送你一個禮物，會怎麼樣？

假設那個人給了你一個真正的禮物，經過精心挑選並繫上了蝴蝶結，裡面甚至有一張手寫卡片，你一定不會把它拆開，然後扔回對方臉上吧？你不會把它摔到地上，然後唐突地離開，對嗎？你不會的，因為你不是個混蛋。那麼，當有人對你表示欣賞、讚揚或認可你的努力時，你為什麼要這樣做呢？為什麼別人可以接受那個禮物，但你不行？最重要的是，我想讓你試著接受。這些禮物是你應得的。你確實為它們付出了努力。

「冒牌者」內心的混亂部分是由完美主義引起的，而完美主義意味著，你害怕自己不知道所有的事情，因而被評判、批評和拒絕。

本質上來說，想要變完美和成為絕對的專家似乎是冒牌者症候群認定的唯一解方。這個信念是：如果我無所不知，做事完美無缺，並且從不犯錯誤，人們就沒有理由認為我是騙子了。

這個信念最明顯的問題是，沒有人無所不知，做事完美無缺。我不是第一個這樣告訴你的人，但在你內心深處，你仍然在以一種不可能實現的標準約束自己。讓我說得更清楚一點。不管拿到多少學位、證書或獎項，你總會有一些不知道的事情。不管經歷過多少練習、訓練和經驗，你都會有一些你所不知道的事。你依然會犯錯——**我希望你犯錯，因為犯錯是你學習的機會，而不是一直做對所有事情。**

不管經歷過多少練習、訓練和經驗，你都會有一些你所不知道的事。

犯錯並不代表你就是個騙子。不完美並不意味著你就是一個騙子。這只意味著你和我們一樣，也是人。大多數情況下，你都在盡自己最大的努力，在人生中跌跌撞撞，你做對了很多事，也做錯了一些事，就像其他人一樣。事實上，如果你讀這本書是為了提升自己，獲得更多幸福，我會說你真的太棒了！

- **注意你身邊的人**

要完成這個練習，你需要盤點自己曾與哪些人共度時光。在紙上或日記本裡寫下那些人的名字，然後仔細思考，寫下他們帶給你的感受。你可能聽過這樣的說法：你完全可以對自己的感受負責，如果別人說的話讓你不好受，這是你的問題，不是他們的。通常來說是這樣的，但也有一些人，簡單來說，就是不想讓你高興。也許是愛挑剔的父母、喜歡比慘的同事，或愛倒苦水的朋友。與他們交流後，你總會感到不開心。

這些情況會導致一種彌散的不幸福感，使你聽見低自尊的長號悲歌，讓你感覺自己像個騙子。

你周圍的能量會對你產生極大的影響。置身於負面能量之中時，為了讓自我感覺良好，你將面臨一場大型的艱苦戰鬥。在同一張紙上，回答這些關於周圍環境的問題。

- 你在哪裡可以讓自己更容易做到這一點？
- 你需要在哪裡設立界線？
- 你需要在哪些時候縮短與每個人相處的時間？

把你認為對自己最有幫助的地方寫下來，並採取行動。

•評估期望和成就

在人生的某個階段，你可能有意無意地為自己設定了期望（詳見第八章〈放過自己，你不必事事完美〉），卻沒有把成就完全歸功於自己。以下練習將會有幫助。你可以隨意坐著，把它們記下來。

一、**問自己一個問題：目標設在哪裡？把它寫下來，或者列出你在人生各個方面對自己的期望，並對自己完全誠實。完成後，把這份清單讀出來。**你可能把目標設得過高，根本碰不到它。也許因為你參考了別人的目標，而他們比你有更多的時間、經驗或受過更多訓練，然後你覺得自己也必須跟上，或者你只是編造了一個關於你需要成為什麼樣的人、需要做什麼事的故事，除了你自己制定的標準之外，這個故事沒有任何實際依據。即便奇蹟般地到達了目的地（而在此過程中，你差點被殺死了），你也沒有祝賀自己，反而反覆吹毛求疵，認為自己本可以做得更好，或是迅速往下一目標前進，從不停下來祝賀自己。

由於目標設得過高，你必然無法達到標準，於是你覺得自己不是「大家的一分子」，並且擔心別人會發現這一點，也就不足為奇了。有了這麼高的期望，你當然贏不了。

你每次都認定失敗的原因在於自己。

你可能會想：「如果降低期待，我就是一個懶鬼。低標準是給懶惰的失敗者的。」姐妹們，不需要這麼極端。你不用大喊「管他的！」，然後放棄一切。你可以折衷處理。

二、**下一步，弄清楚為什麼你覺得自己是個騙子。在同一張紙上，完成這個句子：「我覺得自己像個騙子，因為……」**可能是因為你認為自己沒有足夠的經驗或資格，或者你是新人，或者僅用「因為我不夠好」來完成這個句子。

降低標準的意思是，試著接受這樣的想法：擁有學士學位就夠了，並不一定非要獲得碩士學位不可；即使你是部門裡唯一的女性，你也做得夠好了；你並不需要為了讓朋友喜歡自己，而照他們說的減掉四、五公斤。要挑戰那些過高的標準，你需要意識到自己腦中在想什麼，並挑戰那些信念。你很可能不相信新標準是正確的，但你正在努力嘗試。

三、記得我在第四章說過，要**親近你的成就**嗎？如果你還沒這麼做，現在就去做。回去讀那個部分，我會等你的。

當你想找藉口表示你的成就是基於運氣、意外或其他任何原因，而不是來自你的個人經驗、努力或技能，我希望你能寫下這樣的句子：「我考上大學是因為我夠格。」「我得到升遷是因為我是這個部門經驗最豐富、最有頭腦的人。」

冒牌者症候群有能力把你封印在渺小的自己之中。你注定要得到更大更好的東西。你注定要放棄那些老舊、陳腐，叫嚷著「依靠自己的力量不是好事」的信念。那些信念就只是——信念，它們在你腦海中編故事。但你已經超越了它們！

要挑戰那些過高的標準，你需要意識到自己腦中在想什麼，並挑戰那些信念。

問問自己——

・如果你覺得自己有冒牌者症候群，對此你有什麼樣的私密想法？換句話說，你內心的自我批評具體說了些什麼？

・你為何覺得自己是一個騙子？

・你是否為自己設定了過高的標準？如果是，你可以把哪方面的標準降低一些？

・你在何處會獲得成就？有哪些你確信可以引以為傲，卻一直被你忽略不計的事？

第七章

你不必為別人的情緒負責

——停止取悅他人。要認可自己，而不是努力尋求認可。

如果你同意，我將繼續談談關於取悅他人的事。還是你更希望我談談另一個話題？對不起，沒問題，讓我稍微準備一下……

意識到我這就是在取悅你了嗎？

取悅他人者通常是很好的人。他們希望身邊每個人都快樂，所以他們更容易為了別人的事四處奔走——制定所有計畫，幫助別人，總是一個人承擔全部的事情。取悅他人者最大的一個習慣，就是明明想說「不」，卻會說「好」。他們擔心如果說「不」，會被人們指責、拒絕，而且失去人們的喜愛。

令人驚訝的是，比起如實說出自己的真實感受，大多數人寧願說謊。只要對方得到了想要的東西、快樂起來，取悅他人者就完成了自己的工作。

也許你到了這樣一種人生階段，你拒絕為了不值得的人勞心勞力，同時取悅他人的想法讓你想吐。可能你不認為自己是一個貨真價實的「取悅他人者」，事實也確實如此。然而多年來，我在與許多女性交談和提供協助的過程中發現，**很多時候女性確實在尋求別人的認可，即使她們沒有察覺到**。

換句話說，並不是所有尋求認可者都是取悅他人者，但大多數取悅他人者都是尋求認可者。**我把「取悅他人」和「尋求認可」放在一起，是因為兩者有很多重疊的部分**。所以，即便你不認為自己在努力取悅別人，也請繼續讀下去。

尋求認可看起來可能是這樣的：你做任何事都會用別人的看法衡量一下。**即使沒有人注意或在意，尋求認可者也會不斷擔心別人的想法。他們的自信、自尊，甚至情緒，都取決於自己腦中的「別人的看法」**。大多數時候，他們並不知道別人的真實看法，所以不得不憑空想像。他們始終生活在一種不確定的狀態中，因此最終會去取悅他人。因為尋求認可者如果能做些讓別人開心的事情（比如一直說「好」），就更可能得到認同。

一位二十九歲的金融分析師艾莉西亞解釋道：「我在生活中各個方面都尋求他人的認可，我看待事情的習慣太過主觀，並且發現自己經常因為在別人眼中不夠完美而受到傷害——因此我在自己眼中也是。我想為我自己和我的成就感到自豪，不依賴於任何人的想法或評論，但我似乎無法做到。」

這習慣是哪來的？

如果你像這個世界上的大多數女性一樣，就會知道「做一個好女孩」是外界對你的要求的一部分。

作為一個家長，我可以保證，沒有人會計畫把孩子撫養成一個混蛋，作為父母，我們當然希望自己的孩子對人友好和仁慈。但是，我們大多從小就被教導不要過於大聲地說出自己的意見，不要讓別人不舒服，並且要確保讓我們關心的人快樂。這些都是為了確保我們能完全被別人喜歡，能取悅他人，得到他們的認可。

有些女性可以精準指出這些行為早從童年時期就開始了，以及她們小時候認為自己的行為決定了父母的幸福。三十四歲的潔西卡是兩個孩子的媽媽，她有如下描述：

我從小就不斷努力在達成母親的高標準。我一次又一次地努力……偶爾我做得很好，能得到她的認可。我現在還是會每天打電話給她，告訴她我一天的生活，等待她告訴我，我表現得很好，或做了正確的決定。最近我就快要換一份新工作，這會讓我的薪水銳減，而我媽曾說過如果我賺的錢沒有她多，我就不再是她「最大的成就」了。

在成長過程中，當父母或導師把他們對你的期望告訴你時，可能非常嚴肅認真，或者開著玩笑，又或是發表一些微妙的評論。無論是哪種方式，你都可以回顧過去，看看你取悅他人或尋求認可的天性來自何方。這樣做不是為了讓你輕蔑地指責他們，而是讓你看到它創造出來的模式和信念，然後挑戰那些「唯有取悅他人才能被喜歡、被愛以及被接納」的信念。

如何停止不開心？

雖然取悅他人和尋求認可可能是你的習慣，而且你一直在壯大它，但你並非無力改變它們。

你，是一個讀著這本書的了不起的人，一個聰明、有能耐的女人，而且我知道你可以養成一個讓你幸福的新習慣。讓我們開始吧，好嗎？

• 這是他們的，不是你的

我在上一本書《幸福生活的五十二種方式》（*52 Ways to Live a Kick-Ass Life*）中，針對如何真實地說「不」這件事向取悅他人者提出了建議。

首先，我想談談在涉及說「不」時大部分人都有的最大心病，並多給一些建議。

你不會說不，因為你擔心如果說不，別人不知道會如何看待你。對方會生氣嗎？對方的感情會受到傷害嗎？他們會不再喜歡你嗎？會覺得你是壞人嗎？當你想著要不要說「不」，有這麼多的事情湧現在你腦海中——這些事情讓你害怕極了，所以你反而會說「是」，只為了避免那些「假設」。

解決方法是我的治療師不得不提醒我上千上百次的：**你不必為別人的情緒負責**。

在你以一種引以為傲的方式指揮自己時，他們的情感就是他們自己的，而且到頭來，你無法控制他們。

你不必為別人的情緒負責。

在我個人的生命中，我仍舊不想讓人難過。我希望我在乎的人喜歡我，感到快樂，不要為我做過的事生氣。但是在我自己的工作中，**我在放棄為別人的情感負責中，找到了自由、平靜和力量**。

你完全有能力獲得那種自由、平靜和力量。舉個例子，我的朋友艾咪從小生長在一個非常保守的基督教家庭裡。她的父母都是傳教士，艾咪的童年是圍繞著宗教生活度過的。成年後，她開始懷疑她的家庭信仰，花了很多心力說服自己，她不需要父母認可她的新信仰。

一天，艾咪的母親正在告訴她，艾咪改變宗教信仰一事，讓她感到多麼失望。她的母親很可能失望，也許她正感到悲傷，但即使她母親有這樣的感受很合理，卻與艾咪無關。這是她母親的感受。艾咪繼續遵循她從小信仰的宗教是她母親的願望和夢想。如果艾咪想為她母親的感受負責，就必須假裝自己有著和以前一樣的信仰，也許還會跟母親一起去做禮拜，那就是在取悅他人和尋求認可。

有天，聽媽媽說完自己有多麼失望之後，艾咪回答說：「**媽媽，我不需要你認可我的精神**

信仰或認可我，因為我認可我自己。」

當艾咪告訴媽媽自己不需要她的認可時，她媽媽可能會感到很受傷。但艾咪沒有大喊大叫，也沒有因為媽媽仍舊有自己的信仰而指責她「錯」了；她沒有靠轉移話題來逃避這個問題。艾咪優雅而親切地引導自己，並勇敢地維護自己的權利。換句話說，她不再為她母親的感受負責了。艾咪這麼說：

> 作為一個康復中的取悅他人者，現在，**我可以立即發現會引發我內疚的差錯，不管其價值如何，我不再純粹出於內疚或義務而對一些事情說「是」**。
>
> 我能理解在每一種情況下我的職責是什麼，並且能為我自己做出強大的選擇，即使我母親（或任何人）並不認可。
>
> 雖然在我看來，和別人起衝突從來不是一件有趣的事，但對自己產生自豪而又自信的感覺讓這件事變得值得。潛意識會告訴我，我想要什麼，我想感受到什麼，以及我想要相信什麼才重要。

艾咪花了很長的時間才做到真正認可自己，並且有勇氣告訴母親自己的感覺。這樣的成長需要幾年的時間。當那個話題無可避免地出現時，她清楚地知道自己要說什麼。如果你無法做到艾咪做的這些，可以從別的地方開始。我建議你從小地方做起，因為你的幸福取決於它們。本章結尾的提問就是很好的切入點。

・別往心裡去

取悅他人者和尋求認可者很容易認為別人在針對自己。家長會上另一位媽媽冷淡的眼神、伴侶消極或具攻擊性的評價，和老闆給出的一點回饋，都能讓他們懷疑：你在生我的氣嗎？她討厭我嗎？我做錯了什麼？同時，他們可能都聽過這樣的建議：「別往心裡去。」你在網路上看到這類「別放心上」的迷因，然後開始一場改革運動——聽起來很棒吧？這下可以輕鬆擺脫取悅他人和尋求認可的習慣了？

那些迷因在說的是，**如果你認為別人的言語和行動都是衝著自己來的，就很容易把自己放在受害者的位置，浪費生命在追求別人的認可，以為一切都跟自己有關。**

聽到一些像是「別往心裡去」的小建議後，我們反而會認為別人是在針對我們（因為我們是人類的大腦能迅速地編出故事——這是經過科學驗證的），我們覺得自己做的都是錯的，並把責任完全攬到自己身上。當然不是說要把責任完全推到別人身上，但用這種極端的方式看待這個問題只會使我們自責。

這個建議也強調了一個觀念：**當別人傷害你，不是他們說的話傷了你，而是那個讓你痛苦的既有傷口再一次被摩擦到了**。這是好事，我真的認為弄清楚觸發事件是什麼很重要，你才能知道在背後搞鬼的癥結點是什麼（提示：通常原因出在我們自己身上）。但我要澄清，這並不是在允許別人對你說任何話、做任何他們想做的事，而你則轉過身來譴責自己是「被舊傷所觸發」。

我認為，無視別人對你說的、做的讓你不開心的事情，不把它們放在心上，是不切實際的。有人（或者說蠢蛋）侮辱我們時，我們應該這樣想：「哼，他們是混蛋！那些跟我無關，我要做我自己的事，臉上保持微笑，不去想這件事。」

我們該要與自己的理想世界緊密相連，為自己呼吸，為自己而活，並且持續練習。然而，我知道很多正讀著這篇文章的人可能很難擺脫這些執著，所以這裡我想把它拆解一下，進一步解釋這個概念將如何幫助你。

唐．梅桂爾．魯伊茲（Don Miguel Ruiz），《打破人生幻鏡的四個約定》（*The Four Agreements*）一書的作者，曾詳細地說過：

我們會認為事情是衝著我們來的，因為這是一種習慣。不再這樣想並不意味著你對此沒反應或不會採取行動，只是當你採取行動時，你的頭腦清楚，真正知道自己想要什麼。反之，你會做你不想做的事情，說你不想說的話，因為情緒在控制著你。頭腦清楚時，你更容易做出選擇。

我很喜歡他的解釋。我想補充一點，我們會往心裡去，都是因為我們是人，而且，是的，那是一個習慣。但我們可以不被它摧毀，可以不讓它們在我們腦海中編寫劇本。關於第一章的自我批評，我有很多話要說。當我們一直覺得別人是衝著我們來的，我們就是在為內在的自我批評添加柴火和「證據」。

作為一個取悅他人者或尋求認可者，你必須熟悉自身的問題，才不會首先試圖出賣靈魂以獲得每個人的認可，為了不讓自己在意他人的意見而四處奔波。這是一個惡性循環，唯有你知道該處理什麼問題才會終結。例如，你可能對於別人有沒有立即回覆訊息、信件或電話很敏感，如果他們沒有立刻回你，你會覺得他們對你有意見，進而假定他們在生你的氣，糾結於自己到底做錯了什麼，最終你決定生他們的氣。

你有權利敏感，而且我認為很多人都應該接受自己的柔軟之處，我想強調的是，你應該弄清楚自己容易在哪些地方被觸發。

•界線無所不在

說到「停止不開心」，就不能不談談「界線」。界線往往讓人既困惑又恐懼，也許這是因為人們對它有一些誤解。人們常常以為，「刻薄的人」才會設立邊界，但現實生活中，會這麼做的人往往是最善良、最快樂的。可惜作為女性，我們往往會以為如果劃了界線，就將不被人們喜歡。

讓我先告訴你什麼不是界線：界線不是有侵略性的對抗，不是爭論或好鬥，也不是最後通牒和威脅。我曾以為，要設立界線，就必須保持低調，變得有點（或非常）刻薄，向別人搖搖手指，告訴他們你不好惹。

嗯，事實證明，那絕對不是界線。簡單來說，界線是人生中你認為可接受和不可接受的事物。它有點像是你生命裡的規則和指南，讓每個人知道你不會接手他們的爛攤子。

這裡有個關於界線的案例。一位女性同業一再跟我請求協助，但我不想，於是第一次時我說了「不」，並告訴她原因。第二次她又為了同件事來找我，我的直覺立刻告訴我說「不」，但我的理智卻在想：「如果我這次又拒絕，她一定會覺得我很壞。」

我在電腦前苦苦思索該怎麼回她，為了確保我的拒絕不會讓她受傷，並讓她舒服、依然喜歡我、不會因此撕破臉……而拚命想理由（基本上就是對她撒謊）。

但結果，我直接回信，跟她說不。沒做任何辯解。這並不容易，事實上，對我來說甚至是革命性的決定。

讓我驚訝的是，她回信了，問我為什麼說不。我覺得這名女性並不習慣被人拒絕，我這樣做，反而促使她要求我做出解釋。於是，我面臨以下四個選項：

一、回答她的問題，告訴她真相。真相可能會傷害她的感情，而在我內心深處，我不想也不必這樣做。

二、回答她的問題，並說謊。我可以編造一些理由來保護她的自尊心。

三、**堅定地認為我不需要向她解釋**。我沒有虧欠她任何東西，拒絕可以只是拒絕。

四、退一步，幫她個忙，這樣就不需要解釋，還能讓她高興和舒服。但這會違背我的直覺，讓我想用叉子戳自己。

我選擇了「三、堅定地認為我不需要向她解釋」。這並不容易。不管哪個選擇都讓人不舒服，但是，某方面來說，界線便意味著能夠說「不」。僅僅是說「不」。不需要解釋，不需要為對方的情感負責——無論他們是為我們沒有給出他們想要的東西而生氣，還是惱怒於我們沒有給出一個理由，或者震驚於我們不願意讓他們高興。**設立界線，意味著不必負起讓他人舒適的責任。**

界線便意味著能夠說「不」。僅僅是說「不」。

如果有人質問你：「你說『不要』是什麼意思？」你可以說：「**不要就是不要。**」我並不期待你說完「不就是不」後如釋重負或感覺良好，這會讓你很不舒服。你需要大量的練習和努力，時不時置身於你並不習慣的煩惱和痛苦中。

很多時候人們會選擇拖延，直到事情變得難以收拾，他們厭倦了逆來順受，最後便爆炸、大聲嚷嚷並提出要求，但這對任何人都沒好處。遭受攻擊時，沒有人願意傾聽和讓步。健康的界線是經過深思熟慮的、有意識的、以友好方式劃定的。

我已經數不清和多少人有過這樣的交談（我自己的人生也是如此）：他們對別人的行為感到

憤怒，然而當我問到：「你告訴他們你不希望他們再這樣做了嗎？」他們陷入長時間的沉默，然後回答：「嗯，沒有。我只是覺得我不能那麼說。」接著繼續說，他們完全知道狀況會變得多糟，那樣不值得，另外還有一堆指責與藉口。

遭受攻擊時，沒有人願意傾聽和讓步。健康的界線是經過深思熟慮的、有意識的、以友好方式劃定的。

首先，如果人們不知道自己的所作所為對你造成了困擾，他們是不會做出改變的。「讀心術」並不存在，所以我們需要去進行那些艱難但必要的對話。其次，如果你從來沒有跟某個人說過這困擾了你，就不能對他生氣。請不要說「他們應該知道」，因為，我再說一遍，這一整套**「讀心術」是不存在的**。試想一下對象是你——別人認為你應該知道他們想要和不想要什麼，你會怎麼想？

取悅他人者和尋求認可者傾向於不設立界線，有很多原因，其中包括不想顯得「惡毒」或「不近人情」。他們寧願繼續感覺不舒服，時不時憤怒，充滿怨恨和痛苦，也不要展開富有挑戰性的對話。有時在內心深處，他們並不覺得自己的需求和渴望是值得表達的。

現在讓我們做點不一樣的事吧。在你的人生中，你想要和需要的，就跟你身邊人的一樣重要。就是這樣。你很重要，而設立界線強調了這點。界線不僅重要而且有其必要，它在建立健康的關係、保有自信、自我尊重、保護個人的幸福上都很必要。我們都知道，作為一個習慣性取悅他人和尋求認可的人，你沒有尊重自己最好的一面。

‧如何劃定界線？

具體上要如何進行這些對話呢？假設你的老闆壞透了，要你完成一項專案，卻又不給你足夠的時間。你向來能把事情完成，只是得加班到很晚，週末還要把工作帶回家。他不斷給你這些專案是因為，嗯，因為你一直沒有拒絕。但是你感覺自己有愈來愈多的怨恨和憤怒，不停跟伴侶抱怨，因為這樣，每天早上你都極度害怕去上班。

步驟一：**跟老闆的談話，可以、也應該從感謝開始。**試著告訴老闆，你很感謝他相信你能在這麼短的時間內完成專案，也很榮幸他樂於和你一起完成這些工作。這不是拍馬屁或說假話，而是以一種親切、有愛的方式來建立對話，由此接收者更有可能感到舒適並樂於傾聽。

步驟二：**談談你的感受**，讓他知道那些工作量對你產生了怎樣的負面影響。

步驟三：**要求你所需要的東西。跟老闆提出你的訴求，並且要直截了當。**不要說：「我希望你能減輕我的工作量。」那對你的老闆沒有多大幫助。確切地告訴他你要求做出什麼改變。「這個專案我至少需要兩週的時間來完成，而不是一週，而且我需要凱倫花二十個小時幫助我。這樣可以嗎？」

對談判持開放態度，但要小心，作為一個取悅他人者和尋求認可者，你可能傾向於扭曲界線。要具體分析實際情況，好好留意自己的直覺。

我舉的例子很常見。如果你和老闆關係很好，那麼這可能比跟和你有私交的人交談要容易得多。如果對象換成了你的父母、伴侶、朋友或某個和你更親密的人，會怎麼樣？對話可以這樣展開：

- 你／我們之間出了些大事。
- 有件事一直困擾我，讓我不開心，它是這樣影響我的。

- 有件事我再也不能容忍了（描述要夠精確）。
- 我希望你能做出這樣的改變（同樣，具體講述細節）。
- 如果越界了，可能會發生這些事。

劃定界線，或展開任何艱難的談話，最困難的事情之一，是**不要執著於結果**。要是談話結束後對方這麼說，那就太好了：「天啊，是的！我很抱歉我的行為一直令你心煩。是的，我會改變，沒問題。謝謝你讓我知道。我很高興我們有這樣的談話。抱一下吧！」

當然，事情的發展不總是這樣，這就是為什麼我們通常不會優先考慮進行這些對話。但我還是希望你知道，你這是在為你所想要的一切而戰。你，傑出的慣性取悅他人者／尋求認可者，告訴某個人你的感受並要求對方做出改變。對，就是你！

他們如何反應是他們的事，如果他們反駁、說「不」，或者純粹表現得像個混蛋，請你小心你內心那個批評家——他可能會說，「你本來就不該開始這段對話」，或是「你真夠刻薄」，或者其他的胡言亂語。這正是我鼓勵你提前為對話做好準備，並確定自身訴求的原因。如此你就可以盡可能保持自信。如果你對於表達感受、渴望和需求感到自豪，不管結果如何，你都是勝利者。

在你人生的最後時刻，你不會說：「我很高興我違背了自己的意願來讓他人快樂。我過度擔心別人對我的看法，對此我也感到很高興。」取悅他人和尋求認可並不會讓你更快樂。這是你的人生，沒有反悔的餘地！

問問自己——

- 如果你是一個尋求認可者或取悅他人者，你認為自己為什麼會這樣做？
- 如果停止取悅他人或尋求別人的認可，你害怕會發生什麼事？
- 在什麼情況下，或是和誰在一起時，你覺得自己要對別人的情感負責？
- 你覺得自己把大部分事情當成對你個人的攻擊了嗎？怎麼做才能改正這一點呢？
- 你需要設置什麼界線？列出它們。你願意和哪些人展開這方面的對話？

第八章

放過自己，你不必事事完美

——完美主義只是你逃開「羞恥感」的手段。

然而，這些完美的女孩還是覺得自己總是可以減去兩三公斤……我們是有著焦慮症的女孩，我們的生活被各種工作記事簿、五年計畫填滿……我們為盡可能少睡一會兒而自豪。我們喝咖啡，喝很多咖啡……我們是女權主義者的女兒，她們說：「你可以做任何事。」而我們聽到的卻是：「你必須做好一切。」

——寇妮．馬丁（Courtney E. Martin），《完美女孩，飢餓女兒》（*Perfect Girls, Starving Daughters*）

完美主義是另一個會被女性當成榮譽勳章佩戴在身上的習慣。她們認為，追求完美就像在追求成功、卓越和進步，而自己別無選擇。但我要說：完美主義會毀了你。

完美主義做出了這樣具有吸引力和誘人的承諾：**如果看起來完美並且完美地表現自己，就可以免於被拋棄的痛苦，或是避免「比不上」別人，因此也避免了一種最痛苦的感覺——羞恥感**。我在本書引言說過，我遇到的大多數女性未必會感覺到自己活在羞恥之中，但羞恥感實際上正操縱著她們的人生，影響著她們的每一個選擇。完美主義是那些令人陷入困惑的習慣之一，它允許羞恥感束縛我們，控制我們的行為，最終讓我們感覺很糟糕。

我認識的被完美主義緊緊束縛的女性，似乎都活在極度恐懼之中，但她們騙過了每個人，你不會知道她們實際過著怎樣的生活。身為一個曾經的完美主義成癮者，我可以很自信地說，過去在生命中的某些時刻，我寧願死掉也不願讓人們看到我的缺陷和可怕的不完美之處；我相信人們對我的看法，是判斷我是一個怎樣的人以及有沒有存在價值的標準。

在我十四歲即將升上高一那年，我決定參加網球隊的選拔賽。我從來沒有加入過校隊，但這不是什麼奇怪的決定，因為我其實是在網球場上長大的。我從三歲就開始接受教練和父親的指導，整個童年都和網球形影不離。

那年炎熱的夏天，爸爸帶我來到賽場上。緊緊握住球拍時，我緊張不已，透過鐵絲網觀察其他女生打球。有些球員技術水準跟我差不多，我的注意力沒在他們身上多作停留，而是觀察著那些比我強的球員，腦中被這樣的想法淹沒：如果輸了怎麼辦？萬一我在眾人面前失敗了怎麼辦？我的父母會怎麼想？大家會怎麼想？

我陷入焦慮，渾身無力。我無法打開大門，加入她們。幾分鐘的恐慌之後，我轉過身，找到一個付費電話亭，然後打電話給父親讓他回來把我接走。就在那天，我放棄了網球，又花了二十年的時間才重新回到球場上。

那次放棄是我非常大的遺憾。這聽起來可能不是什麼大事，但網球對我來說就像家一樣。完美主義、對失敗的恐懼以及對別人看法的恐懼，使我做出了一個讓我之後感到懊悔的重大決定。那天我寧可完全放棄，也不願冒著不完美的風險去比賽。

這習慣是哪來的？

有些女性，如拉內，成長於一個完美主義過度氾濫的家庭。

在我家，完美主義是理所當然的。我的祖母喜歡清潔地毯，她不准我們踩上清潔過的地毯。我媽媽也繼承了這個完美主義的傾向。爸爸期待我能一直拿到A，任何低於A的成績都會讓他失望。我拚了命讀書，高中三年級[7]結束後就畢業，過完十七歲生日後一個月就開始上大學。

作為一個成年人，我認為招待客人時，我的房子必須完美無瑕。我發現我會拒絕孩子們帶朋友回家玩的請求，即便答應了，在他們來之前，我也會進行一次瘋狂的、應急的大掃除。

很明顯，拉內繼承了一項名為「完美主義」的遺產。像她這樣的家庭，明確傳遞了這樣的訊息：如果不完美，你就是不夠好的，我們也不會接受你。任何不是高於平均值的成果都不被接受。但也許你的家庭不一樣。也許你從不覺得自己有得到你所需要的愛和關注，所以你的完美主義建立在對「別人的認可」的需求上，並持有這樣的信念：如果我是完美的，人們就會愛

7 美國高中是四年制，就讀年齡為十四至十八歲。

我，並且接受我。

或者，你可能有個很優秀的手足，這讓你覺得自己從來都不夠好。所以你仍在試圖達到某些不存在的標準。

我並非來自一個對成就有超高要求的家庭。我的父母很高興我想參加網球隊的選拔，但我沒有受到強迫。我是一個中等生，從來沒有在父母那裡感受到成績必須拿A的壓力。然而，回顧過去，我相信我是美國文化的受害者。我是在一九八〇年代長大的，當時有氧運動熱潮（aerobics boom）進行得如火如荼，女士們會穿著套裝和網球鞋去上班，並且我所知道的一切都是全球音樂電視台（MTV）教的。完美是令人陶醉的，我成了它的俘虜。

再強調一次，把完美主義的形成過程點點滴滴地串連起來，有助於挑戰你的信念。把重點放在你可能一直拖延卻不自知的問題上。記住，你永遠有能力改變舊有信念、習慣和模式。

•絕不做懶鬼

從受困於完美主義的女性身上，我一次又一次聽到的是，她們如果放棄完美主義，就會變成一個懶鬼。她們覺得，停止追求完美便意味著對一切撒手不管，同時對她們的外表、職業道德、子女教育及其他所有一切都不再抱有期待。她們太習慣於追求完美，以至於在她們看來任何不完美都是一種暴行，即對所有女人的一種侮辱。這種信念是：「要麼做到完美，要麼淪為懶鬼。」

女士們，並不是非得那樣不可。即使不以完美為目標，你依然可以追求偉大與卓越。《不完美的禮物》（*The Gifts of Imperfection*）一書的作者布芮尼．布朗，用一種解釋將兩者區分開來：**「追求偉大」關注的是自我（我怎樣才能進步），而「完美主義」關注的是別人（他們會怎麼想）**。

換句話說，沒有人要求你扔掉待辦清單，辭掉工作，然後搬到你父母家的地下室去。你還是可以把每件事情都做得很棒，但我希望你思考一下：**這一切是為誰而做的？**

是為了你自己嗎？那麼到最後，你會為你的表現而自豪——自豪於你是怎樣完成了這一切。或者是為了別人而做？如果是這樣，你會讓人印象深刻，並讓他們喜歡你、認可你，讓你免於遭受批評、拒絕、責備，以及萬惡之源——羞恥。

看到其中差異了嗎？

我認為這兩者沒有明確的界線。**即使是「最好的」自我提升成癮者，也會陷入完美主義陷阱**，尤其是當他們感覺有點容易受傷時（這種情況經常發生）。對於非黑即白的極端思考者，我要說，如果你認為你需要「完美地」擺脫完美主義，那麼在攻克完美主義時一定要小心！

如何停止不開心？

如果你準備解放完美主義對你的束縛，把袖子捲起來，讓我們開始幹活吧。放棄追求完美你仍然可以過得很好。以下的工具將對你有所幫助。

• 學會面對批評

對那些被完美主義困住的人來說，接受回饋，尤其是批判性的回饋，會帶給他們一種被綁在火刑柱上受刑的感覺。**完美主義者傾向於對批評做出防禦性回應**，進而把自己送入每況愈下的惡性循環中。我知道有些人並不懂得如何表達批評，但完美主義者傾向於用批評折磨自己很長一段時間。

問問自己，**你對於「自我」的信念，是否會由某件事帶來的批評形成？**例如，如果你的老闆說他希望你改善一下工作表現，你會告訴自己你很蠢嗎？或者花幾個星期的時間持續想著你的老闆是惡魔？

批評來襲時，為了避免陷入自責，你可以問問自己：這是誰給的回饋？他對你很重要嗎？如果不重要，例如，如果那是網路上的一則匿名評論，那麼請認真想想，你是否在任由一個陌生人的意見支配你對自己的感覺？

或者，如果你甩不掉這種感覺，問問自己，那個人是不是碰觸到了某件你真正在意的事情，某個正威脅著你的完美形象的事物？那是你能處理好的事情嗎？像是在工作或養育子女上，你是否犯了本不該犯的錯誤？

此外，當你受到批評，如果陷入沮喪的惡性循環，問問自己，你開始胡思亂想了嗎？你能從那些可疑的線索中梳理出事實嗎？如果你在工作中犯了一個錯並受到批評，唯一的事實是：你犯了一個錯。你也可以胡思亂想——你很糟糕，你會被解僱，每個同事都討厭你……但這不是事實。關鍵在於，當批評襲來，要注意到它，保持好奇心，同時要頭腦清楚。

每天晚上吃飯時，我和丈夫會問孩子三個問題。第一，一天之中最喜歡哪段時光。第二，最不喜歡的事情是什麼，因為我們不希望他們在生活中「盲目樂觀」。最後，我們會讓他們說說一天裡犯過的錯。我們希望他們從小就知道，不犯錯，就學不到有價值的經驗教訓。作為人類，犯錯是很自然的，它能讓我們從中學到知識，不應該不惜一切代價去避免。

所以，我希望你**看看自己每天犯的錯並從中吸取教訓（無論是否有人給你直接的回饋），而不是發誓再也不犯同樣的錯，或無止境地批評自己。**

‧設定合理的期待

很多時候，我和學生一起設定目標。看著她們的清單，我會情不自禁笑出來。雖然我完全贊同那些偉大的成就和目標，但那些清單簡直就像是五人份的目標。我會問她們，這是誰擬出的清單？是她們自己，還是她們心裡的自我批評？是她們的真實心靈，還是她們的「完美自我」？當我進一步提問，她們會意識到自己擬出這份清單不是為了自己，而是為了一種當每個人都知道她們完成了所有目標，她們認為自己會產生的感覺。

完美主義者往往會把關注的焦點放在「目標能帶來的結果」，而不是實踐的過程。當目標達成，她們很少停下來陶醉於自己的成就。因此，我要問你兩個問題：你的目標是為了你自己嗎？即將完成目標時，如果沒有人在意，甚至沒人知道你將完成這些目標，你有什麼感覺？這些目標對你來說還重要嗎？完成這個目標是否仍讓你感覺良好？

‧給自己許可

要把自己從完美主義中解放出來，需要你學會憐惜自己。我在第一章給了你很多相關工具，這裡，我還為你準備了另一個工具：給自己許可。

首先，看看自己在哪些方面有完美主義的傾向，在紙上寫下跟自己有關的層面，像是：

- 子女教養
- 工作／職涯
- 人際關係
- 飲食／身體
- 未來的目標
- 家庭

接著，在每個層面列出所有你允許自己放鬆下來的事情。

● 允許自己……

- 作為父母偶爾陷入困境。
- 不過度追求成為完美的母親／妻子／員工／朋友。
- 偶爾不去健身。
- 每天善待自己。

・把日子一小時、一小時地過。

・向______尋求幫助，而不是孤立自己。

把這些許可寫在便利貼上，貼在你能看到的每一個地方；設成手機的提醒事項；定時發送信件給自己。不管在哪你都會看到它們，讀到它們，並且接受它們。

或許你會覺得這是在允許自己成為一個懶惰鬼，但這麼做更多是為了給你自己放個假，並承認自己的不完美。**人生目標不需要這麼極端，個人發展這件事也不能用錯誤／正確來劃分。你的目標是覺察、前後一致、善待自己，和自我憐惜。**試著這麼做，你會擁有更多的快樂。

・完美主義的背後，究竟藏著什麼？

讓我們揭開你完美主義的真面目。我希望你回想一下，完美主義都讓你付出了哪些代價。例如，你的孩子可能會因為你經常擔憂房子不夠完美而感到緊張；你可能正徘徊在成為工作狂的邊緣，或完全成了一個工作狂；人際關係可能讓你痛苦，因為你害怕自己不完美，而不打開心房與人交往；你可能不覺得自己的完美主義影響到其他人，但那些焦慮和不夠好的感覺讓你非常痛苦。列出目標清單之後，問問自己，在你的人生中，跟為完美主義付出的代價相比，對完美的追求是否真的更重要。

這一切都值得嗎？

最後，完美主義歸根結柢意味著，**你在害怕著什麼**。你究竟在害怕什麼？把它寫下來，寫在這本書上，寫在紙上，用口紅寫在鏡子上……哪裡都好，只要把它寫下來就好。你為什麼這麼害怕別人知道你不完美？硬要猜的話，我會說你在害怕下面這些事情：

‧犯錯。
‧被看成是愚蠢、不夠聰明、不合格的人。
‧自己的身體被人指指點點。
‧伴侶會離開自己，因為你不能完美處理每件事，並且有「毛病」。
‧教養方式被人評判。
‧不成功。
‧人生過得失敗，也就是沒能收拾好自己的爛攤子。

我跟你保證，你絕對沒有你想像的那麼糟。你有放自己一馬的空間，找到那個灰色地帶，涉水而過。放鬆對完美主義的追求會讓你內心的自我批評覺得你放棄了，但這真的是你通往更加和平、自由和歡樂之地的入場券。

我們都在那裡等你，而且會給你留個座位的。

問問自己——

- 你能精確地找到自己的完美主義來自哪裡嗎？如果可以，你能驗證一下這些來源並挑戰相關的信念嗎？
- 不做完美主義者時，你腦中會冒出哪些胡言亂語？
- 你如何更有意識地去面對批評？此外，當你接收到批評和回饋，你會在腦中編造什麼故事？
- 為了不設定過高的期待，你需要給自己哪些許可？
- 你為完美主義付出過哪些代價？

第九章

不要把「堅強」當成你的榮譽勳章

——是時候面對虛幻的強硬外表下，脆弱而真實的自己。

「要堅強！」他們說。

儘管這是精神喊話，但在我看來，人們應該在地獄中為「要堅強！」這句命令安排一個特殊的席位。事實上，如果把「堅強」比作一間房子，那麼我要用磚頭砸爛它的前窗，再放一把火把它燒了。

對女性來說，情緒化等於歇斯底里——我們大多在這樣的文化中成長。這樣的刻板印象對很多人來說很可怕，但又無法逃離。擺脫它，意味著要把情緒藏起來，盡可能壓抑它們，期盼並祈禱這麼做能讓感受消失不見。

以崔西的故事為例：

從我還小的時候就不斷聽到「你好堅強」這類的話。我年輕時有很多健康方面的問題，所以聽到身邊的人這樣說，我就下意識告訴自己：「我就是要這樣處理事情，不管問題有多艱難，我都要確保自己表現出堅強的樣子。」之後我成為妻子、母親，一有機會，我就披上我的「堅強盔甲」。這是我所知道的一切。這個習慣確實在很多時候幫了大忙，像是發現丈夫外遇而不得不離婚時，失業整整三年時，以及最近剛被診斷患有癌症時……努力嘗試堅強使我成為一個合格的媽媽，讓我在需要關懷時照顧好自己。但對外尋求幫助，或允許自己脆弱？這些不在我的選項內。

有時候「堅強」確實有用。在保持堅強時，我們養成了一種習慣，也學會了禁錮情緒。**禁錮情緒，成了我們「要堅強」的新定義。**

我們為此受到讚揚，甚至互相道賀。如果每次有人對我說「你真是堅強得令人難以置信，我可比不上你」，我就能得到一美元，我早就是富翁了。事實上，如果把條件換成「對別人這樣說就能得到一美元」，那我會富上加富。

作為女性，我們被教導要這樣跟其他女性交談，來讓彼此感覺好過。悲哀的是，我一次又一次看到，當某位女性在面對離婚、疾病或家人離世這類艱難的事時，我們都告訴她要堅強，好像另一種選擇——心碎——是錯誤的。

以下是我的聲明：我不認為堅強是完全不好的。它可以是一件好事，在你需要的時候幫助你。就像崔西提到的，在面對離婚、失業、被診斷出癌症之際，堅強在一定程度上幫了她。作為人類，我們生來就有韌性，所以本質上來看，堅強是我們選擇的一個習慣。

以下是我的警告：**在要人們堅強時，我們真正在說的是，不要悲傷心碎，不要哭得太凶，不要崩潰，不要在情緒裡陷得太深，不然我們——目擊你痛苦的觀眾——會感到不舒服。**當然，看到我們關心的人處於痛苦之中，我們也會感受到極大的痛苦——跟表達和暴露難過情緒的人相處常常會使我們感到不舒服。

我想表達的是，我們喜歡穩定。我們喜歡快樂和積極，所以我們會要求人們保持堅強，而不是讓自己冒著不舒服和易受傷害的風險。

我想完全顛覆這種觀念。

這習慣是哪來的？

先來弄清楚你編造的與感受有關的故事。對你來說，堅強的對立面是什麼？你平時以什麼為榜樣？你的父母有沒有在你面前宣洩過情緒？他們也許宣洩了，但沒有設立界線，表現出憤怒和狂暴，卻沒有理清由此帶來的混亂，過後也沒有和你一起討論。或者，當你表達情緒，你也許聽到了這樣的話：

- 忍一忍。
- 別再孩子氣了。
- 我沒有時間聽你說這些。
- 別在意了，習慣就好。
- 你需要克服它。

如果你被塑造成一個將感受情緒視為錯誤的人，那麼作為一個成年人，你表達（或拒絕表達）自己的方式肯定受到很大的影響。某方面來說，我們都被塑造成了這種人。那可能非常令人困惑，即使人們本意是好的。表達自己害怕時，別人會告訴你不要害怕，或「這沒什麼好怕的」。這樣的建議可能會一直伴隨著你，同時讓你變得更加堅強。

十八歲那年，父母離異對我來說是個突然的打擊。我有幾個大我很多的哥哥姐姐，但都是同父異母，所以基本上我是作為獨生女在面對這種情況。我被送到心理治療師那裡，我在她的辦公室裡發誓我不會哭泣，並以此為目標。我不停告訴她和我的父母「我很好」。當時我沒有告訴任何人，但我覺得我的行為不僅保護了自己免受負面情緒的困擾，而且保護了我所關心的人。我不想讓我的父母知道他們婚姻失敗這件事正在傷害我。我告訴自己，表達情感會傷害他們，而如果能避免傷害他們，我會不惜任何代價。

我確信，就算只是打開一個小小的門縫，讓情感流露出來，我努力壓抑多年的情感也會像龍捲風挾捲的碎片一樣射出，傷害周邊所有人。所以，我讓它們維持在被鎖住的狀態，戴上我的堅強面具，把它當作我的榮譽勳章，然後開始忙著別的事。

就像前面崔西的故事，一句「你好堅強」有著強大的影響力。不管對你說這話的是別人還是你自己，你已經認定堅強才是人生中駕馭混亂的方法。堅強是為了生存，而屈服於痛苦是可怕的，毫無疑問哪個對你有用。

‧過度獨立

如果堅強有一位姐妹，那她的名字就是「過度獨立」（Hyper-Independence）了。也許你認識她。她想憑一己之力完成所有事，而且當事情變得難解，或者當她在苦苦掙扎時，她肯定不會告訴任何人，也不會向人求助。雖然這種狀態類似於孤立和躲藏（詳見第二章〈我害怕被視為一個軟弱的人〉），但其中存在一些差異。過度獨立的女性可能會告訴自己：

- 我需要更自給自足。
- 不必將自己的需求告訴別人。
- 如果我想做好，我會自己完成。
- 我是唯一能完成的人。

她也許也會相信，依靠某人，無論在愛情、友情或任何方面，是缺乏自信、軟弱和幼稚的表現。而她並不想表現出缺乏自信、軟弱和幼稚的樣子。

也許人們會因為你這麼獨立而讚揚你，讚揚你在沒有任何人的幫助下過得如此成功和快樂。

但實際上，向別人尋求幫助是必要的，若不這麼做，你會愈來愈難感到快樂和滿足。

如何停止不開心？

讓我問你幾個瘋狂的問題：如果偶爾允許自己崩潰，會怎麼樣？想哭就哭，想生氣就生氣，感覺挫敗時就跪倒在地，任由情緒洪流將我們沖走，會怎麼樣？讓我們更進一步想想，要是在另一個人面前做這些事情呢？假使我們可以在別人的陪伴下感到不安和害怕，同時感覺到他們因為目睹了這個場景而更愛我們，會怎麼樣呢？假使這個場景是真實的，並確信最終我們會很好，又會怎麼樣？

也許你會想：「你在開玩笑嗎？在別人面前崩潰？」我理解那種恐懼。但這是你可以逐漸做到的事。現在就把它放在心上。

堅強並不意味著無視那些具有挑戰性的事件和狀況，硬著頭皮熬過去。堅強不是嚥下你喉嚨裡的腫塊。堅強不是將你的情感推往靈魂深處。

我希望你能打開心房，接受這關於力量和韌性的新視角，它能讓你接受並承認自己和所有艱難或糟糕的處境。

‧直面你的情感

現在你知道，堅強並不等於在生活裡埋頭苦撐，排除一切令你苦苦掙扎的事物，而這種毅力量有關的新視角是什麼呢？堅強意味著走向憤怒、失望、悔恨、悲哀、憂傷、失落、恐懼等負面情感，甚至是走向那些所謂的好情感，如歡樂、愛、興奮、幸福和成功。這些情感都是很難承受的。

堅強是讓陽光照亮那些情感，並感受它們。對它們抱有好奇心，接著解鎖更多的情感，並且同樣去感受它們。這就像是拉扯一件毛衣的織線，然後開始拆解——**對自己的感受愈有好奇心，就愈快也愈容易能梳理出更多的情感，並處理它們**。

這就是堅強。

「表達情感」無疑是我和每個曾一起共事的女性都遇過的問題。在所有情感中，悲傷和憤怒是女性最常壓抑、選擇「堅強」面對的兩種情感。

例如我的客戶潔西卡，她對父親有著無法釋懷的情感。她說她仍對他感到生氣，而且從未完全將這份情感表達出來，每當怒意浮現，她就會把它憋回去。我問她：「你害怕自己生氣和憤怒會讓什麼事發生？」她說：「我害怕我無法處理這一切。」我問：「然後會怎麼樣呢？」她停頓了一下，接著回答：**「我怕我一哭就停不下來，而且我害怕自己失去控制。我不喜歡那樣。」**

現在我們有了一點進展。

我給潔西卡一個任務：讓自己好好生氣。她能做些什麼來喚起那些情感呢？她說她有幾張照片能把她帶回那個情境中，讓她情緒激動。她下定決心要完成這項任務。

幾天後，我收到一則附有照片的簡訊。照片裡有一張放有毛毯的床、一本壞了的電話簿，還有一盒衛生紙。潔西卡在簡訊裡說：「這是我用過的衛生紙山，和被我用橡膠錘砸爛的電話簿。我哭了，氣了約有一個鐘頭，然後又睡了一個小時。」不久後，我問她感覺如何，她說在那之前她很焦慮，彷彿知道有什麼事將要發生，有一種力量呼之欲出。她的身體已經準備好釋放它，同時她說，她必須努力讓它慢下來，直到最後的時刻到來。之後，她感覺好多了，鬆了口氣，因為她安然無恙地度過了。

我不是要說潔西卡在面對這個特殊問題後就「痊癒」了。同樣的情形可能會在她生命中的某個時刻再次出現，而她需要再次去處理它。但這個練習是很有幫助的，因為它不僅釋放了那些迫切需要被釋放的情感，還幫她建立了自信心。潔西卡現在已經知道，她可以允許自己表達情緒，而且過後她還是好好的。世界並沒有因此崩塌。

・屈服於你的身體

迴避情感是在自欺欺人，好讓自己覺得一切都在掌控範圍。表達情感時，我們是在屈服於我們的身體，讓它做需要做的事情，而不是試圖用我們的方式去壓抑它。對很多人來說，「屈服於自己的身體」是個陌生的概念。

但某些情況下就是得這麼做。我想問問生過小孩的讀者，想像一下，要是分娩時你試圖不讓孩子出生，會怎樣？沒錯，你不會試圖做這種事。那麼嘔吐呢？我知道很噁心，但你同樣不能把它吞回去。身體知道哪些東西需要被排出。你的身體正在照顧你——藉由擺脫它需要擺脫的東西。

情感也是一樣的。你的身體知道它需要做什麼。

同樣地，這也是「不管選哪個，感覺都很糟」的情況之一。情感產生時，我們有以下兩個選擇：

一、把它憋回去，我們是「堅強的」。是的，這很難，要花很大的心力才能做到。尤其當壓抑情感的方式只有兩個：藉由宣稱自己很好來麻痺自己，或是指責他人。

二、表達情感。這個選項同樣讓人極度痛苦，因為沒有人真的想要大哭特哭或抱著枕頭聲嘶力竭。感受痛苦是，嗯，痛苦的。

這兩個選擇對很多人來說都苦不堪言，但如果你因為熟悉和習慣而選了第一個選項，也不完全是你的錯。你可能就是這樣被教育的：戴上這張有能力、剛強不屈的面具，走向外面的世界，堅強起來。你確認這樣是對的，因為任何人都無法接近你。

你已經習慣這麼做，這對你來說已經很容易。但可以確定的是，這樣偽裝是很累人的，並且，那些被你憋回去或投射到別人身上的情感仍舊需要被表達出來。你不能活生生地埋葬你的情感，希望並期待它們消失。它們不會，它們會蹲坐在你的身體上，讓你看起來心神不寧、疾病纏身、惱怒、焦慮、失眠，甚至憂鬱。

要是我們重新定義堅強，會怎麼樣？它和以下幾點有關：

- 請別人幫忙。
- 不要因為我們有能力做每件事就一個人把所有事做完。
- 真實地感受你的情感，而不是麻痺、忽視它們，或者靠傷害別人來減輕自己的痛苦。

另外，請注意不要用全有或全無的方式來應對某些情況：要麼每分每秒都完全屈服於情感，在工作中崩潰，或是在孩子面前表現得一團糟；要麼全部隱忍，保持堅強。

不必這麼極端。有時候，你可以暫時克制情感，直到適當時機來臨再釋放所有情緒。或者，也許你需要等上一天的時間，朋友才方便傾聽你的故事。但此時要小心。當我們需要等上一兩天時，壓抑情感憋的傾向可能又會悄無聲息地出現。要保持對自己的責任感，並思考如何重新定義「堅強」。

你應該知道自己是不是正以堅強的名義壓抑情感，這就是我希望你留意的，讓我們從這裡開始。

・覺察是關鍵

關於堅強，可能就跟其他所有習慣一樣，重點是要了解你都在哪些時候依賴它。如果你覺得自己的身分就是基於堅強建立起來的，那麼意識到這點之後，我希望你在試圖堅強時能提醒自己一下。本章結尾的自我提問能在這方面大大幫助你。

當你發現自己又陷入「振作起來」、「戴上你的堅強面具」這樣的自我對話，要知道這是

你內心的自我批評在說話，因為它害怕表現出軟弱無力或易受傷害的樣子。堅強不是一個榮譽勳章，它不會讓你獲得進步，也不會使你比任何人更好。

在我們生命的最後時刻，沒有人會因此贏得獎賞。它也許能暫時發揮作用，我說「發揮作用」，是因為你能從別人那裡得到即時驗證，加上不必去審視和處理你真正的問題和情感，而那可能正是你所追求的。但親愛的，長遠來看，這不會解決你的問題。

允許自己去感受情感，能讓你跟「堅強」這個習慣和解。更具體地說，藉由求助於富有同情心的見證者，有助於改變「堅強」這個行為模式。

毫無疑問，你是堅強而有韌性的。你是為生活的考驗而生的，而那些考驗讓你成為現在的你。你這個人豐富而多彩：有韌性、堅強、不完美，並有一件正在積極處理的事。你允許自己屈服於生活的程度（即使這意味著「放棄堅強」）與你的幸福直接相關。我鼓勵你朝那個方向前進，以便在生活中創造更多的信心、勇氣和快樂。

問問自己——

- 你對「堅強」的對立面是怎麼定義的？
- 你覺得自己用「堅強」把感受強行憋回去了嗎？如果是，你認為為什麼會出現那種情況？
- 如果你不夠堅強或有人認為你不夠堅強，你害怕會發生什麼事？
- 確切地說，你變得堅強到底是為了逃避什麼？
- 你能具體做些什麼來改變這個習慣？

第十章

如果放棄「控制」，你害怕發生什麼事？

——控制感讓你逃避真正的問題：破碎的心靈、壓力、焦慮、恐懼、困惑……

「如果每個人都按照我說的去做，一切都會好起來的。」這曾經是我的「神之真言」，我全心全意地相信它——生活中的不如意都是別人造成的，如果他們按照我的吩咐做事，我們都會很幸福（我也很好奇那段時間我怎麼能交到朋友）。

我在二十二歲有了第一份正職。到職第一週，我的老闆（我後來意識到她是控制狂之王）跟我說：「我們能完全掌控的事情是如此之少，所以要盡可能去控制你能控制的事情。」當時她指的是我的辦公桌——建議我維持工作區域的整潔，但我把那個建議放在心上，以此鞭策自己。我的意思是，她說得沒錯，我們不能控制一切，但是作為一個過於進取、奉行完美主義的堅強年輕女性，我會拚了命去做到。

作為人類，我們需要一種確定感。有些人可能會說我們已經對它上癮了。我的朋友克麗斯汀・哈斯勒（Christine Hassler），《接受你的期待成空》（*Expectation Hangover*）的作者說：「人們想要控制的事情如此之多，想知道未來會發生什麼事，當我們自己想不出答案，就去心理學那裡尋求解答。」

我想，如果我能控制一切（包括人在內），我人生中的不確定性、不安和焦慮就都能消失了。那些覺得自己無法控制人生和情緒的人，往往會試圖去控制別人，我也不例外。

關於在控制裡掙扎的人，棘手的是「控制」在剛開始的時候是件好事。控制型的人往往是高效、可靠、聰明和富有成效的。他們通常能找到處理專案或挑戰處境的最佳方式。當工作情況變得艱難，你可能希望他們在你身邊。

然後就是那條該死的線，那條讓事情陷入瘋狂的線。控制狂們能在最低容忍範圍內適時放手、委派任務並信任別人，但情況可能會快速發生變化，而且當它發生，你最好離遠一點，因為他們可能爆發出凶猛火焰，控制所有觸手可及的事物。

老實說，大多數受困於控制欲的人都不會拿著手寫板，瘋狂地跟在別人後頭發號施令。他們喜歡管東管西地監控一些小事。一個常見的例子是他們管理家庭的方式——他們總是不顧一切地以某種方式做事，一旦出了問題，他們就會陷入瘋狂。

又或者他們會對日常安排和旅行路線固執己見。任何妨礙他們的事情都會使他們焦慮，有時甚至會讓他們發怒。工作中，他們承擔全部或大部分的職責，接到他們委派給你的工作後，你可能發現他們站在你的身邊監視著，並對他們交辦給你的任務指手畫腳。

他們如果是父母，可能會對孩子從頭頂管到腳底，控制他們放進嘴裡的每一口食物，監控他們的日常安排，不讓孩子有機會犯錯，甚至不讓他們有自己的成就。

所以，如何才能做到既確保孩子安全，又不去控制一切？如何才能讓工作高效推進，又不像個大腳怪一樣踏進每個人的空間和計畫？讓我們一起找出答案。

控制欲的背後，究竟藏著什麼？

我就直說了：受困於控制欲的人們，生活在恐懼之中。**如果不試著去控制每個情況的結果，他們會害怕有事發生**，因此他們把別人的情感和他們的人際關係擱到一旁（這有時是很明智的），只關注自己能夠控制什麼。

在我的控制欲全盛時期，我渾然不知自己的潛在問題是**低自尊、沒安全感和缺乏自信**。表面上，我真的覺得自己知道對每個人來說什麼是最好的，而如果他們只是聽從我的吩咐，他們會過得更好。如果我能創造出正向的結果或解決某個人的問題，我的自我感覺會更好。

我負責的事愈多，感覺就愈好，因為這確保了我控制更多東西。每次對小事管東管西、加以控制對我是分心的好時機，讓我不用去審視自己真正的問題：破碎的心靈、悲傷、壓力、焦慮、恐懼、困惑和掙扎——那些大多數人一生中都會遇到的事。我不確定自己是否意識到了潛在的問題，但我內心確實有某部分害怕去審視它。許多控制成癮者都是這樣的，目的是逃避人生中的痛苦和掙扎。審視人生裡的不安太難了，所以他們會把手伸到別人的生活中，找更多事來做。

許多控制成癮者都是這樣的，目的是逃避人生中的痛苦和掙扎。

控制成癮者也會感受到情緒上的不安全。當我看到隱藏在成功表面之下的感覺和情感，我嚇了一跳。這就像不小心撞上蜘蛛網一樣，你胡亂揮動手臂，拚命想擺脫蜘蛛網，同時希望自己的臉或頭髮上沒有蜘蛛在爬。這就是我對出現在生命裡的情緒的感受。我會快速逃離它們，同時找到其他可以控制和負責的事情。

受困於控制欲的人，也受困在完美主義之中。他們想要制定所有規則，擁有所有答案，他們想要成為正確的一方，並且看起來一直都是完美的。對完美主義者來說，要做到這些，就需要控制一切。這變成一個無止境的迴圈，因為當他們無可避免地在「變完美」的路上失敗，他們並沒有去審視那些不健康的完美主義習慣，而是試圖去控制更多。迴圈於是繼續輪迴。

我不希望任何人因為自己渴望在人生中擁有安全感和確定感，而覺得自己不可理喻。每個人都想要安全感和確定感，這很自然，試圖去控制事物也是可以的。我希望你開始問問自己的是，你的控制行為有沒有對生活產生負面影響？換句話說，這樣的行為是否太過火了？接下來我會再說得更詳細一點。

如何停止不開心？

還記得我在第一章說過的嗎？想改變負面的自我對話，你需要停止跟自己的戰爭。控制欲也一樣，你得停止跟自己打架，並且練習屈服。你可能會認為，要改變自己的控制方式，你就不得不「放棄它」，這對你來說就像自斷手臂一樣：你得讓每個人都按照他們的意願去做事，同時要相信，即便沒有你的幫助，每件事也都能以某種方式得到解決；你還要學會對每件事漠不關心，因為你現在將不得不放棄一切。請放心，情況並非如此。

「屈服」意味著停止戰鬥，停止抵抗，停止表現得像是你的生活依賴於你掌控萬事萬物的權力嗎？不，不是這樣的。

前面我說到控制行為與恐懼密切相關時，你可能已經猶豫了。你可能認為你比每個人都做得更好，你明明白白地知道自己是更好的。當你持有這種信念，你在與這個宇宙對抗。你在抵抗事物的自然演變。我必須問你一個重要的問題，如果你在抵抗，也就是說，如果你放棄控制，你害怕會發生什麼事？

如果你放棄控制，你害怕會發生什麼事？

你害怕一切都會崩潰嗎？人生會更艱難？別人會因為你沒有擔起所有責任而對你指指點點？

你擔心「屈服」太難做到嗎？還是它看起來太像「放棄」了？你的身分是否被包裝成了有能力的、多產的成功者？

也許以上皆是。好姐妹，我能理解你。我知道，控制可以讓我們感覺自己擁有某個東西，而這個東西能為我們帶來「確定性」。作為一個把「屈服」二字刺在手上自我提醒的人，我可以跟你保證，當你不再掐著生活的喉嚨拖著到處走，你會活得更好。控制不會把你帶去任何地方，只會給你一張通往瘋狂的單程票。

那麼，回到控制欲正在對你產生負面影響的問題，假設你花了一整天的時間打掃家裡，希望房子保持乾淨整潔很合理，但你會在家人如常生活時遷怒於他們嗎？你在哪方面可以更靈活變通？如果你的小孩穿著泥濘的鞋子踩進屋裡，還把垃圾扔得到處都是，我能理解你有多生氣，但你有放鬆的空間嗎？你是不是正透過控制每個人的舉動，讓家人小心翼翼地行走在蛋殼上？

或者工作上，如果有人對你的控制方式表達顧慮，或者你剛好知道自己處於控制行為之中，你願意做出妥協嗎？並非要你放棄一切，而是先審視自己的行為，同時做出微小的改變。因為這個習慣最後可能會對你的私人生活和同事關係造成極為嚴重的破壞，更不用說還會無止境地折磨你。

你可能認為控制會讓你更快樂，但我可以跟你保證，它實際上會讓你活得更艱難。我知道你是聰明、有能力的人，因此我知道你有能力拋棄既有習慣，塑造一個有益於你的新習慣，幫助你在人生中取得更多平衡。

・不給建議

另一個打破控制習慣的方法是「不給建議」。許多控制型的人就是喜歡給建議，而且通常都是未經請求、主動提出。因此，你給自己的功課就是不去給別人建議，即使你不知道他們的人生最終會不會變得一團糟。

如果這個「不建議」政策讓你感到崩潰，那麼試試這個：當你看到自己關心的人很痛苦，只要告訴他們一件事：「如果你需要我的幫助，請告訴我。」沒有建議，沒有提示。沒有被動攻擊式的註解，直白地表達出你知道什麼對他們是最好的，即使你沒有透露細節。此外，要夠相信對方，如果他確實需要你的幫助，會讓你知道的。

・培養自我信任

說到信任，透過控制來尋求平靜的人，往往有信任方面（無論是對自己還是他人）的議題需要解決。如果信任自己和別人，就不會覺得事情必須按照自己的方式運轉。控制型的人常常在不安感中苦苦掙扎，而「失去控制」的想法可能會嚇到他們。他們不信任自己的情緒、能力、決定，甚至直覺。

我在第二章中講過信任別人這個主題，那麼，要如何相信我們自己呢？

自我信任（self-trust）是看似複雜，讓我許多客戶都感到不知所措的一個主題。讓我們從頭說起，自我信任可以理解如下：

- 一種能力，在那個特定的時刻，你知道自己所做的決定對你來說是正確的。即使最終你覺得自己做了錯誤的決定，從中學到的教訓仍會讓你受益。
- 不管生活扔出什麼給你，你都知道自己會被好好地關懷。
- 不管結果，放手去做，你知道最終一切都會好的，即使事情沒有、也不會按你想的方式運轉。只要你為自己的表現而感到驕傲，並清理好你可能造成的任何混亂。

自信心（self-confidence）來自思考，但自我信任來自你的內心。我知道這看起來有點深奧，我們可以試試這個練習：現在，有A和B兩個選項，理論上關於選項A的一切看起來都很不錯，你蒐集到的資訊也讓決定指向A，但你的直覺要你選B，而你似乎無法擺脫這種感覺。你會怎麼做？

我想我們都曾有過這樣的處境，在這種處境中，我們往往忽略直覺，選擇另一條路，最後才明白直覺一直是正確的。

我不是要你別聽取建議和停止蒐集資訊。這兩者都很重要，就像傾聽你自己內心的聲音一樣。**你愈相信直覺，就愈能蒐集到證明直覺總是站在你這邊的證據，同時也愈能建立起更多的自我信任。而自我信任愈強，你就愈不會覺得你需要控制一切。**

關於自我信任，我常聽到、自己也遇過的困惑是，我們過去都做錯過不少。我們有時會故意違背直覺，完全不去感受直覺，一再懷疑自己，或轉向詢求其他人的意見。自我信任或許未曾存在過，因為我們從來沒有給過自己機會。

學習自我信任的一個關鍵是，要花些時間讓自己靜下來。我知道，我知道，靜止的感覺對一些人來說是陌生且不自然的，但如果你四處狂暴地發號施令，彷彿生活就是仰賴於控制，將無法傾聽直覺和學習信任自己。半開玩笑地說，當我在做靜止練習，我總覺得自己就像被丟到滿水浴缸裡的貓，全身濕透，煩躁不安，急著想跳出去。靜止讓人感覺到不確定，同時對某些人來說，就像是在浪費時間。但請相信我，這是唯一的方法。練習靜止，比如冥想、瑜伽、親近大自然，會教你了解自己更深、更智慧的一面。從小練習開始，即使一天只試五分鐘，也會對你有很大的幫助。

・想想你有哪些議題待解

另一個能幫你擺脫控制欲的工具是開始尋求幫助，好審視你自身的問題。正如我前面提到的，習慣性控制別人的人，是在拚命逃避貫穿個人生命的痛苦。「幫助」其他人能讓他們感覺好些，所以他們藉由插手別人的事來逃避自己的爛攤子。這讓他們覺得自己很有價值並且有目標，但在多數情況下，這種方式是錯誤和虛假的。

那些讓你不快樂的痛苦、掙扎、不舒服、尷尬、恐懼和未知不會離開你，跑去任何地方。你控制別人，試圖讓他們用你的方法看事情，自作主張、布施一般地給出建議，從頭到腳地監控別人，但這樣做只是在拖延時間，延後面對當前一團亂的人生。

結論：執著於控制，只會使你遠離你想追求的滿足感。即使害怕，也要去挖掘深埋在表層之下的東西，它能讓你獲得自由。放棄控制能讓你更加享受生活，能帶給你更多快樂，並讓你的人際關係蓬勃發展。

問問自己——

- 你的控制行為是否對你的生活產生負面影響？這種行為是否過度了？
- 如果試圖放棄控制，你害怕會發生什麼事？
- 你對「自我信任」有什麼想法？你能做些什麼來提升呢？
- 你認為自己可能需要從表層之下挖掘出什麼，來擺脫你的控制行為？

第十一章

不要杞人憂天，做悲劇彩排

——不要被「災難化思考」的想像所控制。

你問災難化思考（catastrophizing）是什麼？這是一種讓女性感覺很糟糕的一種習慣。災難化思考看起來就像這樣：假設你的生活一切進展都很順利，甚至可以說好極了：工作很好，人際關係很順利，存款帳戶也沒有透支。但你無視這些好事，然後想著：「這不可能持續太久。我想知道這一切什麼時候會瓦解。」或者你在備孕數月後終於懷孕，卻開始害怕流產，在網路上查找統計數據，想知道自己什麼時候會流產。

有時我依然會對一些很好的事情抱有災難化思考。我準備出去玩，我的孩子們快樂且健康，我婚姻美滿，工作順利，擁有摯友。然後，念頭會突然襲來，我聽到自己在想：「這些好到讓人不敢置信的事何時會到頭？」我數不清多少次為自己策劃葬禮，想著要放什麼音樂，誰會發言，甚至誰肯定不會出席。更糟的是，我還幻想自己的孩子被診斷患有絕症或被綁架，懷疑我的婚姻是否能在這樣一場悲劇中倖存下來，或者我會否因此再次酗酒⋯⋯

這就像錢包裡有張快到期的幸福配給券，因此我最好做好迎接災難的準備。

我的朋友，這是在為悲劇彩排，等著又一件壞事發生——我更喜歡稱之為「災難化思考」。很多女性都有這種習慣，但多數時候她們並不知道自己會這樣，也不知道這個習慣正帶來多大的負面影響。

本質上，災難化思考者預演悲劇，當事情進展順利，她們感到如此不舒服，以至於不知如何冷靜、放鬆，單純享受眼前美好的事情。她們不知道如何擁抱快樂。

來自紐約的三十歲女子妮莎說：

我掙扎於對職涯和個人生活的災難化思考中。好像我的內心深處有什麼想要摧毀我的東西，限制著我能感受到的快樂總額，在它面前，我只能稍微快樂一下。我最近遇到一個能跟他分享生活的美好男子，但這樣的經歷讓我極其不舒服且陌生。我發現自己糾結在「不知這一切會如何結束、為何會結束」的想法中，我試圖控制結果，尋找任何表明它將要結束的跡象。

某部分恐懼來自，像這樣感受快樂對我來說很陌生，不同於我過往的經驗。我知道如何以災難化思考的模式活著，但不知道如何擁抱快樂。

以這段關係為例，當我坐下來好好思考它有多麼美好，我的感受是那樣強烈，強烈到嚇到我了。因為在內心深處，我告訴自己我不配得到快樂，或終將失去它。好像如果我現在去感受並擁抱它，未來失去它的話，我會受到更多傷害。

關於快樂，有件很違反直覺的事：很多人在感受到它時，真的會不舒服。

人們當然喜歡快樂，這是我們作為人類努力想達成的目標，但是當真正的快樂——充滿愛、幸福、極樂和安全感的強烈情感——都圍繞在一個人身上，有時會讓人望而生畏。就像妮莎說的那樣，我們有著「壞事終將發生」的自我暗示。

我們熟悉失望、失敗甚至悲傷的感覺，而完全擁抱快樂則更像一種冒險，像在攀爬搖搖晃晃的老舊梯子，當我們要爬上更高的階梯，我們希望自己掉下來。我們到達的地方愈高，所冒的風險愈大，最終摔落時就愈痛。所以更安全的做法是只爬幾階，或根本不爬，因為痛苦是不可避免的。不要全力以赴。我們說服自己，只要控制快樂的程度，就可以控制自己最終感受到痛苦的程度。

我們說服自己，只要控制快樂的程度，就可以控制自己最終感受到痛苦的程度。

這習慣是哪來的？

對很多人來說，要承受快樂和幸福是很困難的，更不用說它會使我們感到不安全或極其尷尬。因此，很多時候我們乾脆避免自己快樂。某種程度上，我們已下定決心，如果在第一時間避開快樂，就可以避免脆弱，降低風險。

如果揭開層層包裹，繼續往下挖掘，會發現根本的問題在於「價值」——我誰啊，值得擁有這麼多愛和幸福嗎？我誰啊，配得上那些愛我、接納我的人嗎？如果他們知道我有時真的很掙扎會怎麼樣？如果他們知道我和我的生活有多不完美怎麼辦？他們還會愛我、接納我嗎？

這些聽上去有點耳熟嗎？可能是因為我知道我們大多數人都在重蹈覆轍。而我在此，可以很輕鬆地告訴你，**你是有價值的，值得擁有所有那些出色、重要的事物**，而這一切都是非常真實的。

但親愛的，真正的功課在於置身其中。**讓自己置身於那種不舒服的處境中，即便大腦告訴我們：「這是不安全的！快逃！」**如果我們不置身於那種原始的快樂之中，就無法體驗它。

如何停止不開心？

停止災難化思考對你而言，可能就像要你拋棄你用來對抗痛苦的安全裝置和避難所。當我們邁出擺脫這個習慣的一小步，有件重要的事情需要我們思考，還有一件同樣重要的事情需要我們去做。

・觸發事件

一個夏天，我和丈夫傑森起了爭執。這一次特別的爭執讓我失去理智，我不得不休息一下，離開家裡。開車時，我發現自己深深陷入這樣的想法：他要離開我了。我們將不得不把房子賣掉，我會成為單親媽媽。我要住哪裡？該怎麼跟孩子們說？幾分鐘之內，我已經訂出一套單身生活計畫。他並沒有在爭執過程中表達想離婚的意思，提都沒提過，但我在腦中編造出整套故事，思緒就被帶走了。

這涉及幾件事。首先，對我來說，「計畫」和「控制」比去思考發生了什麼事或感受自己的反應更容易。其次，很簡單，我的情緒被觸發了。我在前面幾個章節說過，了解你的觸發事件有哪些很重要，而陷入災難化思考時也是注意觸發事件和改變這個習慣的好時機。

我的例子是很常見，很多人都曾經被甩、被拋棄，或者被某人斷絕往來過。那些傷口往往巴著我們不肯離去，所以即使被拋棄的可能性極其細微，我們也會編造出宛如末日來臨的情節。有關大腦的研究告訴我們，這是人類面對觸發事件的正常反應，所以不需要對自己太嚴厲。我們常會無意識地進入災難化思考模式，但只要意識到自己被觸發了，我們就可以控制自己的反應。

那天，當我意識到自己又在編故事且失去了理智，我便向自己承認，這是我的困境，有個舊傷口被刺到了。意識到這點之後，當我和丈夫一起解決這個問題時，我就能更清楚地思考，然後更清楚地行動。

再說一次，當你發現自己又在構思一場可能發生的極糟災難，或者根據和某人的一次談話及其反應來規劃自己的餘生，檢查一下是不是你的舊傷口被刺到了，所以編造出那些瘋狂的故事。

• 感恩練習

感恩是一個很好的習慣，對於避免災難化思考也是很好的工具。也許你已經養成習慣每天寫下最感恩的三件事，你做得很好，但是時候繼續前進，稍做升級了。

跟許多女性聊過這個主題後，我得出了一些關於練習感恩的結論，以及它跟災難化思考這個習慣的直接關係：

一、**災難化思考者是如此了解黑暗，以至於他們期待著黑暗。**他們對困難、心碎、匱乏、悲傷或絕望等情感非常熟悉，他們無論何時都熱烈歡迎著這些情感。好消息是他們無法擁有感恩之情，直到他們經歷這些全然相反的情感。要感受光明，就必須了解黑暗，所以，猜怎麼著？你已經走了一半的路了。

二、**它被叫做「感恩練習」是有原因的。**你不會立刻像個僧侶那樣思考，並且這樣持續多年不變，一直冥想每件讓你快樂的事情。你在這本書裡讀到的所有內容，都仰賴於練習。你無法只靠一次練習就成為碧昂絲的候補舞者，然後作為專業舞者跟著巡迴演出，而是練習、出錯、練習、心生放棄的念頭、練習、變得更好一點、練習，然後一直這樣下去。感恩練習和遠離災難化思考也是一樣。

三、**感恩的練習發生在微小、有時無關緊要的時刻。**在你的日常生活中，最微小的時刻可能是你最快樂的時刻，像是將要和你在意的某個人一起散步，跟你的貓或狗緊緊相擁，喝下早晨的第一口咖啡，或是聽著孩子的笑聲——如果你肯停下來關注它們，哪怕只是一秒鐘。跟他人相處會有許多快樂的時刻，但沉浸於獨處的小時光也能讓你感到快樂。

此外，如果你發現自己正沉浸於這些感恩的小時刻，同時立刻感受到「如果一切都被摧毀並消失會怎樣」的恐懼，一定要好好留意。你的意識可以成為所有工具中最有力的一個，這也引出了下一點……

四、**你必須保持專注。**回頭看看章節開頭妮莎的故事，事實上，我們不能要求她停止思考那段關係將如何結束。她非常習慣於編造這些災難情節，但好消息是她知道自己正在做這件事。

當她意識到思緒飄走，想著一切都會分崩離析時，我只會請她做一件事——專注，然後從小地方開始練習感恩。去想想她有多麼喜歡男友的聲音和笑容，或者多麼熱愛她的工作。當然，她也可能會心煩意亂並懷疑自己何時會被炒魷魚，我會請她繼續下去，保持專注，繼續努力。

五、**在準備好開始一天之前，你已經在選擇要生活在可怕或快樂之中。**這種特殊的模式可能深深根植在你心中，所以堅持練習很重要。如果你感到很多事情對你來說都不夠，那麼開始集中你的注意力吧。你會在早上覺得自己沒睡飽嗎？在你吃著早餐並考慮待會要去買菜時，你會不會擔心錢不夠？去上班時，你是不是想著自己時間不夠？

我不是要你騙自己，暗示自己一切都已足夠。我是想讓你留意一下，你是不是在一開始就有了這些想法。如果你的注意力大都停留在你所缺乏的東西上，那也難怪你常常不開心了。有時候，在進行感恩之前，我們要注意到自己正生活在匱乏之中，然後用沒有偏見的方式去想事情，選擇性地繞開它。

例如，當你開始一項工作，感覺自己不夠時間去完成專案，不要陷入「我時間不夠」、「沒有人關心這個專案」、「老闆是混蛋」、「真是糟透了」這樣的心態。試著把注意力放在「你認為自己沒有足夠的時間」這個想法，然後繼續想想其他工作上你可以控制的事情。尤其當你無力爭取更多的工作時間或不願意採取行動去做出改變時，擔心時間不夠是無益於事的。

無論是在腦中發洩還是大聲說出來，抱怨對你都沒有幫助，事實上，它只會讓你不開心。有時候，感恩的第一步是注意到自己生活在匱乏之中，然後你就可以從這種狀態中抽離，並將注意力集中在生命中的美好事物上。

六、**你的快樂和感恩不能依賴他人。**換句話說，如果你在等別人來讓你感到快樂，為你創造出能讓你感恩的事，那你有得等了。沒有人提出申請表要成為你的「快樂實現者」。你的快樂和感恩不該由你的孩子、伴侶、工作，甚至你的狗來負責（儘管他們往往在這方面做得很好）。你要對自己的快樂程度負全責。

• 一個任務：有意識地走向快樂

我的客戶艾曼達是大師級的災難化思考者。她會快速查看和擔憂生活中發生的困難或負面事情，徹底忽略其他美好和快樂。我給她一個「有意識地走向快樂」的任務。我要她寄信給她最親密的摯友（她確定會關心自己的人），並請求對方說說他們為什麼喜歡她。這個任務的難度對她來說，可能不亞於打掃全美的每一間公共廁所。一想到不僅要提出請求，還要讀他們回覆的內容，她就感到非常不自在。

我給她這個任務，不是為了要增強她的自尊心，而是因為體驗這樣的快樂對她來說太難了。為悲劇彩排的人，是出了名的善於迴避認可、表揚和愛的感恩。

此外，這項任務不僅僅包含檢查信箱和瀏覽來信，我還要她慢慢地讀它們，把這些人傳遞給她的愛的話語記下來。**去接受這份禮物。去感受快樂帶來的不適感。**

災難化思考成癮者需要試著去做這類事情。我們太過習慣略過愛情和幸福，總是把注意力集中在自己的缺點或事情可能如何出錯上。我們需要有意識地去練習快樂和喜悅。

艾曼達完成了任務，讓她驚訝的是，大家都很樂於答覆她，很多人都說了不少話。她說她很難坐下來把信讀完，她內心的自我批評喋喋不休，但最後，她愛上了這項練習，因為它證明了愛和快樂對她的個人成長、自信和自愛有多重要。

如果你也跟艾曼達一樣，我也邀請你完成這個任務。你甚至可以簡單一點，承諾自己下次被讚美或表達感謝時，停下來，花點時間去接受它。

・快樂

無論你是一個大師級的災難化思考者，或只是一個迴避快樂的人，你都已經花了太多時間避免感受快樂，你可能想知道真正的快樂實際上是什麼感覺。那種快樂能讓你喘不過氣，讓你跪倒在地；那種快樂讓你彷彿像在做夢，但你知道那不是夢，它真實發生著；那種快樂簡直能讓時間停止。

快樂並不存在於表面層次，快樂在你的骨頭和細胞裡。而且我們所有人都有能力去感受並體驗它。

你會感覺心臟好像快要爆炸。感受它，在那個讓你不舒服的地方待久一點。辨識出那些排練悲劇的想法，覺察自己又在找藉口、急於把快樂趕走，取而代之的是，與快樂同在。我請幾位同事描述一下快樂，當時正在接受第二次乳腺癌化療的蜜雪兒・沃德（Michelle Ward）說：「快樂就像我的心臟馬上就要幸福地爆炸一樣。當我環顧四周，我意識到我真是太幸運了，無論我正在面對什麼樣的爛事。像是，嗯，癌症。」

我邀請你檢視一下自己的生活，並問問自己，是否真的感到快樂，還是因為覺得快樂太冒險了而把它推到一邊去？這是你的選擇。你可以保持「安全」，或者追求美好。如果你願意接受，快樂就是生命給你的禮物。這完全取決於你。雖然不舒服，但它仍舊是你的選擇。

問問自己——

- 如果你是一個災難化思考者，你最常將什麼事情災難化？
- 當你沉溺於預演悲劇的想法中，你在逃避生活中的什麼感覺？
- 什麼事件會觸發你不舒服的感覺？
- 你的感恩練習是什麼樣子的？如果還沒這麼做過，你能做出哪些承諾？
- 你允許自己去體驗真正的快樂嗎？如果不，你願意去做些什麼嘗試？

第十二章

不靠指責別人逃避自身的問題

——怪罪他人，會讓你遠離他人，也遠離你追求的滿足與幸福。

「這都是他們的錯。」

啊，這感覺很棒，不是嗎？有時候，指責就像一條溫暖舒適的毯子，當事情變得艱難，我們可以把自己包裹在裡面。

有些女性將指責當作一種自我保護機制，希望它能保護自己免於傷害，讓自己看起來不會太糟。**指責是在逃避，是在讓我們放棄責任。指責使人們可能把矛頭指向身邊的人或事，而不**

是解決真正的問題。

指責別人時，我們會覺得自己高高在上。

指責別人讓我們能逃避自身的問題。我曾有很長一段時間熱愛責怪他人。我在第一段婚姻裡，把一切都歸咎於丈夫。當然，他待我不好，且對我做了一些很差勁的事，但當時我從來沒有檢視過自己的問題。當我們的婚姻諮商心理師第一次指出我的某些缺陷和可以改進的方法，我目瞪口呆，感覺自己被侮辱了——難道她看不出來都是他的錯嗎？難道她不覺得他需要對他搞出來的爛攤子負責嗎？只要他這麼做，我們的所有問題都會解決。我不懂，我被他傷害了，我深信他才是那個應該承受一切指責的人。

回顧過去，我已經明白我會那麼氣他，不僅是因為他做了傷害我的事，還因為他不肯改。我迫切地希望他改變，但我也在指責他讓我感受到了我不想感受的情感。我不希望自己生氣，我不想感受到憤怒、恐懼和沮喪。隨著時間流逝，我對他的指責積累得愈來愈多，愈來愈強烈。

對他人的責備，會阻礙我們對他人感同身受和與他人建立連結。指控或歸咎於他人，實際上是讓我們無法承認他人的感受。當我們無法發揮同理心，就失去了與他人連結的能力。當我們指責，我們讓自己免於面對所有問題。舉個例子，假設你朋友坦承她跟青春期的兒子起了衝突，她知道他在外聚會時吸毒了。你回答她：「我不知道……也許是你的離婚對他造成了打擊，他因此行為失控。」

對吧？有時表達同理心並找出自己內心痛苦的部分是困難的，找一個人或一件事來責怪似乎簡單得多。我們不是故意要做一個對朋友沒心沒肺的蠢蛋——我們是出於好意想幫她——但當她吐露痛苦時，有時我們只想努力解決問題。我們可能會想到自己的孩子也會遇到一樣的問題，或者只是不知道該說或做些什麼才能幫到她。所以，我們指責了她。

弄清楚指責都在何時出現很重要。你可能明確地指責別人，就像我對前夫做的那樣；也可能不那麼明顯，比如上面的朋友兒子的例子。無論哪一種，重要的是意識到指責都在哪些時候露出它醜陋的一角。

如何停止不開心？

當指責成為習慣，我們便很難停下來。這需要你在懸崖勒馬的同時，對自己的生活負起責任。我不是說你應該讓那些混蛋逍遙法外，人們確實需要為那些令人不快的選擇和自己的責任付出代價。但你如果真的相信唯有人們不再故意作亂，自己才能感到快樂，就需要學著改掉指責這個習慣了。通常，我們即使深信一切都是別人的錯，也可以在某些事情上做出改進。

你如果真的相信唯有人們不再故意作亂，自己才能感到快樂，就需要學著改掉指責這個習慣了。通常，我們即使深信一切都是別人的錯，也可以在某些事情上做出改進。

・自我盤點

盤點一下，那些導致你指責別人的情境。有的可能很明顯，比如，你不斷跟每個人抱怨你的老闆，即使你沒有和他就這個問題溝通過。檢視自己的指責行為需要我們展示自己的脆弱，而這一向是很不舒服的。所以，我再強調一次，指責別人有時是個更方便快速的選擇，但它永遠不會讓你對自己自豪，也不會讓你保持快樂。

現在，花點時間思考一下，在哪些時候你很難做到認真傾聽。前面提到的那個朋友和她青春期兒子的例子，說明了我們有時會犯錯。除非她明確地徵求你的意見，否則她找你不是為了想被責備，或為了尋求建議。她希望有人能看到、聽到她的痛苦。這對你們兩人來說都不舒服，我知道，但真正的人際連結是讓每個人——包括你——開心的關鍵。和她一起置身於她的痛苦中，意味著你必須克服自己的不適。

・查看潛在的問題

你需要查看一下過去發生的事嗎？包括任何被你的指責趕走的未解決的事？未解決的童年和家庭議題常常會讓人染上指責別人的習慣。是的，你可能會翻白眼，心想：「我都幾歲了，真的需要去處理這些嗎？」而我的回答是：對。我們會把這些問題帶進成年後的友誼和親密關係之中。你得檢查和處理一下這些問題。記住，當我們回顧童年問題或過去關係裡的事件時，注意**不要期望別人對他們的行為負責。我們不可能總是如願得到自認應得的東西**。很多時候，他們不會道歉或請求我們的原諒，但這並不意味著我們就可以繼續把所有責任都推到他們身上。這樣做，我們只會停留在受害者和殉道者的角色裡，使我們無法繼續前進，改善我們自己。

此外，我認為有時女性指責別人是因為她們生氣，卻不知道該如何表達。指責別人是表達這種憤怒的一種較被動的方式，它更安靜，不那麼咄咄逼人。但在內心深處，憤怒正在從小火慢燉轉向全面沸騰。當指責升級成對別人的猛烈抨擊時，你不僅評論別人的缺點，還大呼小叫，情緒失控。

（附帶說明一下：如果你想要別人傾聽你的話，讓對方知道你的憤怒從何而來，並且改善你們之間的關係，大發雷霆絕對不是最好的選擇。如果你正勃然大怒，沒有人會說：「太好了，我很高興你對我咆哮！這讓我感覺舒服，而且可以聽取你的回饋，照你希望的樣子做出改變。」）

我確實認為生氣，甚至勃然大怒，有其用武之地。我晤談過的大多數女性都不喜歡它們。有些人說自己有個容易憤怒的父母，那讓她們恐懼；有些人說她們害怕自己生氣和憤怒，因為她們會覺得自己失去了控制。同時，很多人承認她們已經習得如何把怒氣壓抑下來。

例如我的一個客戶米蘭達，她的丈夫外遇。他們已經達成和解，她也正試圖駕馭自己的情感。很明顯，她正在與對另一個女人的情感對抗，但她並沒有表達出來。我給了她一個任務：寫信給那個女人，但不以把信寄出去為目的。我希望她不帶保留、毫不留情地寫完這封信，帶著她的所有憤怒。我要她把檔案鎖上，這樣除了她自己，就沒人能看到它了。

後來她告訴我，她驚訝於自己寫出來的東西。她沒有意識到自己是那麼生氣，那麼憤怒，那麼恨另一個女人。把怒氣發洩出來有益於健康，能使人開闊眼界，讓療癒過程有個好的開始。

我的觀點是，**你的憤怒是正當的，它需要被表達出來**，並且它不會殺死你。就算沒有表達出來，它最終也會找到一個破口。**請將你的生氣和憤怒當作情報，它們意味著有事正在發生。這兩種情感往往是來自受傷和恐懼**，從這裡深入挖掘下去，並問問自己到底發生了什麼事。這可能很簡單，像「注意到你的憤怒」和「問問自己是什麼傷害了你」那樣簡單。你為了哪個人或事而憤怒？什麼樣的處境讓你憤怒？這些資訊將幫助你總結你的核心價值（詳見第十五章〈「核心價值」是你人生的指南針〉），看看自己是否需要劃定界線，以及是否需要承擔任何責任。

・問問自己，你在忍受什麼

還記得前文中我上一段婚姻的例子嗎？那段時期我不想檢視自己，因為如果我挖掘得更深入，如果我停止指責，承認自己的婚姻有嚴重的漏洞，我就不得不做出離開的決定了。一半的難題根源於我自己那些從未浮出水面的問題，更不用說處理它們了。也許我在內心深處知道，「離開」是拯救我的靈魂的唯一方法。好好檢視並做出離開這個決定是痛苦的，於是我選擇了指責，也就是，等待對方改變，等待他去解決我們之間的問題。只要把責任推到他身上，我就可以因狀況沒有得到改善而繼續指責他。換句話說，我是在忍受一段對我來說已經長期不適用，卻礙於恐懼而不敢離開的關係。

那麼，你在忍受什麼呢？你在哪些方面把責任推到了別人身上，而不是為自己設立界線或乾脆離開？

・聚焦於解決方法

當我們指責別人，我們關注的是問題。我很確定你想要一個解方，所以如果你發現自己在玩指責遊戲時，問問自己：「有什麼可行的解方？」很多時候，答案會再一次跟脆弱脫不了干係。

解決方法可能包括：**進行艱難的對話、設立界線、離開一段關係、看看自身的問題，感受你的情感……**明白了嗎？這些可能不是你會想在待辦清單上列出的事情，卻是必要的。

停止指責和掌控你自己的幸福需要勇氣。它要求我們展現出極大的成熟度。請記住，指責將驅使你遠離他人，並因此遠離你的滿足感和成就感。現在，修正航道、扛起責任，必定會使你離最好的自己更近一步。

問問自己——

- 你是如何不去傾聽別人的話的？換言之，當人們試圖向你求助，你是不是會試圖為他們指出「更好的做法」？
- 你的生活中有什麼需要你去正視的嗎？有什麼未解決的問題是你一直在把責任推給別人的嗎？
- 你有沒有未表達出來的憤怒？如果有，是什麼讓你如此憤怒？你能用什麼樣健康的方式來處理它？
- 在你的生活中，有什麼你正在忍受的，需要對它設立界線或從中脫身的事情嗎？如果有，你會怎麼辦？

第十三章

「管他去死」的殺傷力

——在「毫不在意」和「過度在意」之間取得平衡。

近來有個流行趨勢，你可能已經見過它了。不，不是什麼新型性傳染病，但可能同樣危險。它就是社群媒體上的勵志貼文，和談論「不要在意別人的想法」的自助文章，以及關於「管他去死」的概念。「#不在乎」這樣的hashtag無所不在，似乎已成時下最流行的態度。

如果有人這麼做，會是什麼樣子？當一位女性發自內心接受這樣的建議，並套用到她的生活中，會發生什麼事？

毫不在乎的人看上去很強硬——她把別人推開，讓別人相信她不在意任何人或事。這似乎是一種很好的生活方式，對嗎？尤其當她過去曾經受到傷害，她相信只要保持這種不在乎的心態就不會再受傷。她看起來對這種習慣懷有一種自豪感。這簡直是一場過度獨立的勝利！

舉個例子，也許她經歷了分手或離婚，而且過程很粗暴。當她的朋友問起她的感受，她不是敞開心扉說自己有多痛苦，而是說：「我不在乎他做了什麼……我不屑一顧！」或者，她把作品放到網路上後受到批評，有人把作品貶得一文不值，說她沒有天賦；在工作會議中受到了訓斥……她沒有讓朋友知道自己很沮喪，而是試圖讓每個人相信她狀態很好，所有批評都是愚蠢的，她真的不在意。

火上加油的是，她好心的朋友可能還會鼓勵她這樣做。當事情發生，他們會說：「噢，親愛的，你完全不用在意那些人說了什麼，他們不重要！別理他們！」但問題是，這些女性實際上是在意的。

她們在意，她們受了很重的傷。分手讓她們痛苦、心碎，感覺天要塌了。她們不僅花了大量的時間和精力努力讓自己不去在意，還要讓自己和其他人相信這是真的。這太累人了！

但是，這種毫不在乎的心態真的那麼糟糕嗎？

讓我稍微解釋一下。你可能覺得我對這幾個字很嚴苛。老實說，表面上看來，這種心態本身並不全是有害的。如果是用這種方式解讀：竭力把握生活，追求你想要的事物，不要讓別人阻礙你。不要因為對他人的評論、批評和看法的恐懼而小題大做。走自己的路，讓別人說去吧。

——這是很好的觀點，對吧？

我完全可以認同。別人說了這麼多廢話，因為我們的想法、觀點、目標和夢想而批判我們，到底應該給他們多少注意呢？嗯，是的，零。

然而，這種心態卻反映出非黑即白的極端思考方式：我們要麼在意每個人對我們的看法，要麼誰的看法都不在意。這種習慣來自「全有或全無」的文化。

完全無視別人的想法和意見並不是健康的行為。這樣的行為違背了社會規範。那些毫不在乎的人有一個共同的名字，他們被稱為「反社會人格」。

我想你如果正在閱讀本文，就不是反社會人格（因為反社會人格基本上不在乎個人成長）。嚴格來說，只有精神疾患者會完全不在意別人，單純是他們沒有能力與真實的人交往。

何謂「平衡」？

讓我從會使人們犯錯的地方開始談起。他們聽到「不要在意別人怎麼看你」或「保持毫不在乎」，感覺那就像是個巨大、崇高的目標。我們許多人花了大部分時間在在意別人的想法；我們的行為、決定、想法，幾乎一切，都建立在「我們認為」別人怎麼想之上（注意我說的是「我們認為」，因為大多數時候，我們根本不知道別人在想什麼）。當我們想做跳脫舒適圈的事，就會很在意其他人怎麼說。我想大多數人都知道這是什麼感覺。

那麼，要怎樣才能找到平衡呢？

你可以把它看成一個光譜，一端是那些真正不在意任何人或事的瘋狂的人，也就是字面上「毫不在意」的那群人。說真的，這之中可能有多數是連環殺手或毒梟，而不是你會在現實生活中打交道的人。

光譜的另一端，是那些過度在意別人的人。大多數人都在光譜的這端，非常在意別人的看法，會因為恐懼和優柔寡斷而感到束手無策，為取悅他人而四處奔走，尋求別人的贊同，讓自己陷入過度的勞累中。

（如果這就是你，而你現在感覺這樣的自己很糟糕，那麼聽好了：在生物學上，我們都需要歸屬感。我們希望身邊的人喜歡我們、支持我們。請仔細閱讀第七章〈你不必為別人的情緒負責〉，你還有希望！）

我認為我們都應該在這個光譜的中間位置——適度地在意別人的看法。在你的生活中，應該有一份小小的名單，他們的意見和回饋是你真正需要的。

回想一下，你說過這樣的話多少次：「我不能這麼做，因為大家會覺得我很蠢。」所謂的「大家」是誰呢？是今早為你泡咖啡的那個男人？還是立陶宛的全國人民？

要傾聽別人的意見時，我們需要讓世界變小一點。

以我為例，我在意先生如何看待我養育孩子的方法，當我們一起照顧孩子，我需要考慮他的意見。我可能不同意他的每一個觀點，但我在意他的看法。我對我最親密的同事怎樣看待我的新事業感興趣。因為他們支援我，我信任他們，也需要他們。如果我真的毫不在意他們之中的任何人，你能想像事情會變成怎樣嗎？我最終會跟那些真正對我有意義的人分開，無法獲得強大的、能支援我，且值得信賴的親密關係，我將孤身一人。

然而，也有些事情我其實並不在意，比如按照社會標準，我應該「表現得像個淑女」，或是統計資料顯示大多數企業會在創業五年內失敗，又或是有人匿名批評我的作品。如果太在意這些事，我就沒有時間追求夢想了。我會每天都在煩惱別人——一堆陌生人——的看法。

你看出這之中的差別了嗎？

再厲害的名人也無法不在意

作家格倫儂．道爾．梅爾頓（Glennon Doyle Melton）為她的著作《為愛而戰》（*Love Warrior*）巡迴演講時，曾接受喜劇演員、脫口秀主持人雀兒喜．韓德勒（Chelsea Handler）的採訪。知道雀兒喜的人，可能會以為她是一個「毫不在乎」的女人。她很直率，總是想什麼就說什麼，並且看起來毫不在意自己偶爾不合時宜。

在她們的談話中，雀兒喜特別從格倫儂的書中抽出一段摘錄：

「格倫儂，她就是毫不在意。」她的前男友說。格倫儂明白這是對一個女人的終極讚美，但她也明白這並不真的是讚美。**任何毫不在意的女人都只是放棄了她的靈魂去堅持原則。**世上沒有女人是真的毫不在意。沒有一個女人那麼酷。她只是把自己的熱情給藏了起來。

雀兒喜大聲朗讀這段摘錄，並對格倫儂說：「這是真的，因為人們一直這麼對我說：『雀兒喜，你根本不在意。』我當然在意！我一直試著努力不去在意，這讓我筋疲力盡。但你必須繼續這樣做，因為每個人都期待你這樣做。但是我很在意，就像其他人一樣。」

聽到這段對談，我差點從椅子上摔下來。雀兒喜・韓德勒——一個讓人感覺「不在意別人」的女人，承認她也會在意。

這個被大多數人認為擁有一些特殊DNA，使她能夠不在意別人看法的女人，告訴我們她為了努力不在意而筋疲力盡。所以，女士們，到此為止吧。讓我們來看看如何解決這個問題，找到平衡點。

如何停止不開心？

我記得我在二〇〇八年第一次重新開始寫作，在那之前，我已經十二年不曾動筆。起初，我只是隨心所欲地寫了一些文字，沒想到會有人讀它。接著人們開始讀了，並告訴我他們很喜歡。時間過去，少數人讀了我的部落格後不喜歡，他們不同意我的觀點，不喜歡我的寫作風格，批評我的語法。甚至有些人出言不遜，讓我感覺很不舒服。

也許有成千上萬的人喜歡我的作品，只有五個人不喜歡。但讀了那一小部分人的批評和評價，我有點想放棄寫作。我太在意別人怎麼想了。我不能容忍負面評價，哪怕只是少數幾人的意見。那感覺就像有成千上萬的人在批評我。於是我向前輩求救。

「你是怎麼做到的？」我問其他部落格創作者：「被批評後，你是怎麼做到繼續發布作品的？」我得到的建議大部分都是這樣的：「你只要不去在意就好。你不能太過感情用事，不要把他們的話放在心上。學會一笑置之，管他去死。」

嗯……好喔。

要怎麼做呢？你是怎麼做到完全不在乎的呢？當我再追問下去，她們聳聳肩，回答：「反正就是盡你最大的努力不去在意就好。」

蛤?!我的意思是，誰會這樣做？誰能在作品發布出去後面帶笑容，為自己的創作感到驕傲，卻被刻薄的人丟爛番茄，還能像什麼事也沒發生地繼續前行？

我覺得自己有問題，因為我太在意了。我覺得自己太敏感了。也許我不適合把作品公諸於世。那些建議我不要太過感情用事的作者們，有著某種我沒有的大腦晶片。哦，我是多麼拚命地想要不去在意。我想成為那些「毫不在乎」族群的一員，但如何才能做到呢？

直到幾年後，與更多發表個人觀點、想法和作品的人交流後，我終於弄清了真相。大多數人都很在意別人的看法，他們就跟我一樣，感受到了別人的批評和評價的最初的刺痛。他們集中注意力去處理，有意識地面對自己的情感。換句話說，他們知道自己因為那些回饋而感到受傷，但他們能把傷害和事實分開——那些傷人的話並不能定義自己。

他們知道自己因為那些回饋而感到受傷，但他們能把傷害和事實分開——那些傷人的話並不能定義自己。

而你，我親愛的叛逆的讀者，你的體內也有力量，能夠了解並達到平衡，既能做到不在乎那些不重要的意見，又能認真思考別人給的對你重要的意見。

• 你的「在乎名單」小方框

在接受勇敢之路訓練營的引導師培訓時，我做過這樣一項練習：在紙上畫出一個邊長為一英寸（二．五四公分）的方框，然後在方格裡寫下幾個對自己來說意見特別重要的人。有人驚呼：「我需要更大的空間來列出所有人！」親愛的，如果你需要大於這個面積的格子，表示你需要簡化清單了。這個練習會提醒你，你在哪些地方仍緊抓著「別人的意見和回應對我很重要」不放。在下面你會看到這個方框，我邀請你拿出筆，在裡頭寫上一些人的名字。

這份簡短清單上的人，是那些無論你成功或失敗都會關心你的人。他們愛你，只因為你是你。當你需要他們，他們會出現在你面前，而你可以依靠他們。這些人緊密地貼近你的內心。最幸福的人清楚知道應該讓誰待在格子裡。這些人能夠緩解來自格子外的人的批評所帶來的刺痛。

雖然能夠控制它是件好事，但有時你還是忍不住想獲得別人的回饋，或聽那些喜歡說你做錯了的人的評論——無論是在養育子女、為人妻子，還是職場表現方面，你就是把日子過錯了。正如我在第七章〈你不必為別人的情緒負責〉提到的，這些意見和批評都可能成為觸發事件，現在你可以做一個快速的清點，看看那些用言詞抨擊你的人是否在你的格子裡。你可以大膽告訴他們：「**你不在我的格子裡！**」然後看著他們面露疑惑，說句不好意思後轉身離去。

那麼方框裡的人呢？那些你很在意他們評價的人，我們又要如何採納他們的意見，但不被影響我們對自身的整體評價？以我來說，我會聽聽先生和親近友人是如何看待我的決定和行為的，並克服我的恐懼，把它當成回饋好好收下。有時他們的觀察確實很有價值，我可以藉此提升自己。

回饋不應該是怎樣的呢？「要是接受他們說的話，我內心的自我批評會告訴我，我錯了，我是白痴，我應該改變自己的一切。」這個反應表示我還需要在自我對話方面多做點功課（詳見第一章〈我厭倦了苛待自己、取悅他人〉）。當你能分辨其中差異，你個人和你的人際關係都將受益匪淺。

•盤點

想想你在人生中哪些方面太在意過別人的想法。也許是你的工作、你的身體、你未來的目標。有人可能針對其中一個或多個方面說了讓你痛苦的話，使你心中的鐘擺擺盪到相反的方向——建立防護牆，並表現出「管他去死」的態度。姐妹，退後一步。就算某人給你的回饋很糟，或者你真的被羞辱了，也不表示把世界拒之門外，你就能在未來解決這個問題。它無法讓你免於傷害，也不能保證這樣的事不會再次發生。它只意味著你把這個世界拒之門外，同時，沒有任何事物（即使是好的事物）能夠進入你的內心。而我相信那不是你想要的結果。

・釐清

如果被人知道你確實在意著某些「你覺得自己不該在意」的事，你覺得會怎樣呢？比如，你正在經歷分手，而對方是個十足的混蛋。這段感情的終結是親朋好友所樂見的，這樣他們就不用再看到你受傷了。而你也擺出一副很高興它結束了的姿態，同時宣告自己恨透這位前任。

但……你還是感到悲傷。你仍得經歷分手通常會帶來的悲傷和痛苦。也許你覺得如果有人知道你的真實感受，你會被看成愛自討苦吃、是個白痴。於是你把情感藏起來，假裝自己不在乎。

你能做的，是告訴一個值得信任、富有同情心的見證者，你知道這段戀愛關係不健康，你也確信它能結束是好事，但你仍覺得難過。在那些時刻中練習脆弱，表達自己對於要吐露這個祕密感到很可怕，以及你對＿＿＿＿＿＿感到恐懼（填寫答案）。

・找到平衡

既然你已列出能給你真正重要的回饋的人，接下來，拿出一張紙或日記本，寫下對你來說，他們的意見、評論和批評無關緊要的人（們）。其中通常包含匿名的批評者，像是你內心的自我批評家，或是未經你同意就給出你根本不需要的意見的人。這個名單可能包括你的朋友、同事、鄰居和點頭之交，但如果所有人都在你的格子裡，你就會再次回到「過於在意」的狀態。

做這個練習時，你可能會遇到一個問題：「如果這份『我不在意』的名單裡有媽媽，怎麼辦？」可以，非常好。我不會告訴任何人的，我保證。並不是家人就一定能自動納入你的「格子」裡。如果你不能像信任方格裡的人一樣信任他們，他們就不能進來。

只要把注意力集中在那份短名單上，盡你所能無視來自別人的噪音，你就會找到平衡。

如果你一直裝作一副真的不在意的模樣，那麼我建議你考慮把推倒那些防護牆作為第一步。我百分百確定冷淡的態度並不能幫助你解決問題或療癒你。它實際上會讓你陷入困境，同時讓你更不開心。你不僅正試圖做一件不可能的事（把已經存在的情感推走），還試圖讓人們相信你不需要他們。但事實上你需要，你非常需要他們。

問問自己——

- 當你裝作毫不在乎，你覺得自己從中得到了什麼？換句話說，你覺得它是如何保護你的，或你認為它如何讓你的生活變得更好？
- 當你收到傷人的回饋，你會覺得這一切都跟你有關嗎？如果是，你覺得要怎樣才能擺脫這個狀態？
- 生活中有沒有什麼特定的事情讓你覺得自己過度在意？為什麼？
- 你是否太在意某件事，並因為過度在意而批判自己？或者你害怕其他人會這樣想嗎？如果是，你可以如何尊重自己，並處理它？
- 誰有資格進入你的格子裡？你需要把誰排除在外？

第十四章

你害怕停下腳步，是在逃避什麼？

——你不需要靠過度追求成功才能存在這世界上。

讓我說清楚些：我喜歡成就。我喜歡設定目標，達成目標，慶祝勝利，再樹立新的目標。我喜歡把待辦清單上的事項一一劃掉，當我發現自己正在做一件沒有被列在待辦清單上的事情，我會把它加到清單上，這樣我就能盡情享受打勾標記的過程了（很多人都會這樣做，對吧）。

當我說到「過度成就」，不是指一般常規的目標設定，而是指「用成績來定義你自己」。它把你的自我價值建立在你完成了多少事和做得多好之上。

過度成就很像完美主義，但它是個有著特定和狡猾之處的怪物。過度成就者相信：我的成就即是我。我如果可以做到更多，達到所有的目標，盡可能地高效多產，並確保每個人都知道，就能免於被批評、評價和拋棄。我的價值完全建立在個人成就，以及人們如何看待我的成就和成績之上。

過度成就者的腦中只想著一件事：成就＝安全與愛。

下面是四十一歲的醫師蘇珊的故事，她是三個孩子的母親。

我一直是個過度成就者。成長過程中，我一直都是老師的寵兒；我在週末做的第一件事就是完成所有家事（我甚至要求做更多的家事，這樣我看起來就會比我那些愛抱怨的兄弟乖）。我是畢業生致詞代表，擁有六個學校社團的經驗，上了一所常春藤大學的醫學院。**我一直在尋找能讓我比昨天更好、比別人更好的方法**。

直到四十歲我精神崩潰，才意識到自己所做的一切都是因為除非我盡可能做到更多，否則我就不覺得自己是一個很好或有價值的人。**我成了那些成就的化身。如果沒有它們，我不知道自己是誰。**

蘇珊的故事並不少見。也許細節看起來與你的故事不同，但我要強調的部分是：「除非我盡可能做到更多，否則我就不覺得自己是一個很好或有價值的人。我成了那些成就的化身。如果沒有它們，我不知道自己是誰。」

過度成就者把自己所有的雞蛋都放在名為「成就」的籃子裡。他們通常善於搞定一切，並獲得回報。但隨著時間過去，它變得不再那麼令人滿足。和任何「毒品」一樣，他們需要更高的劑量，而他們所獲得的回報似乎並不能削減他們的需求。

過度成就者往往很焦慮；他們的注意力從不在自己身邊的人身上，甚至也不能專注於當下正在執行的計畫上。他們總是在想著要做下一件事。例如，一個過度成就者如果剛接受求婚，那她已經在想婚禮的事，而不是在未婚夫面前感受那充滿愛意和快樂的瞬間。

某天，蘇珊梳理了一下自己的生活，意識到她的每日行程如此忙碌，簡直做了三人份的事。

> 我會在四點或四點半起床，健身，處理積累的信件，在孩子和先生起床之前做些家事。接著幫孩子打理好一天所需，送他們去上學，然後一整天面對病人。之後，趕著帶孩子們參加一些課外活動，回家，並做晚飯（通常是我事先準備好的餐點，因為我會在週日花一整天的時間採買，並準備一整週的伙食）。

晚飯後，協助孩子們完成作業，洗衣服，做一些工作，最後在晚上十一、二點癱倒在床。我精疲力竭，整天依靠咖啡因和腎上腺素讓自己維持運轉。我要完成這一切。我能拿這個來說嘴，告訴別人我有多忙讓我有一種優越感。

巨大的缺點

凱倫是一位三十七歲的澳洲女性。和蘇珊一樣，凱倫發現自己正面臨著過度追求成就導致的精神崩潰：

我從沒想過過度追求成就會是一個麻煩或問題（或是導致我極度焦慮的原因）。它是令人羨慕，也是我引以為傲的事情，但也導致我有飲食障礙、急性焦慮和憂鬱。它影響了我的人際關係，因為我對別人的期望高得離譜（實際上無法實現），**我不明白為什麼其他人不能或不願試著跟我一樣努力**。我總是把他們的「缺乏努力」歸因於他們不在乎我……然後離開那些關係。

許多過度成就者以非常高的標準要求自己和周圍的每個人。他們不明白為什麼人們不試著像他們一樣努力，覺得別人是在故意激怒他們，並且常常因為別人而沮喪、失望。正如你能想像的那樣，那些看法會導致人際關係上的重大衝突。

不僅如此，過度成就者能把自己的精力細分到每一件事情上去，這會使他們喪失專注力。喪失專注力時，你就不能做到盡可能地高效，同時會出現更多差錯。我不想戳破你的幻想，但是大量研究表明，多工處理會降低效率。那麼，把這些球都拋在空中的你是在玩雜耍嗎？是的，它們正一團混亂。

過度成就者告訴我，生活中最困擾他們的兩件事是焦慮和失眠。焦慮於不斷擔心做得不夠多，擔心別人會怎麼想（詳見第七章〈你不必為別人的情緒負責〉），而且永遠活在對未來的計畫之中。而失眠——這不是很明顯嗎？你邀請一隻巨大的象趴在你的胸口睡覺，這隻大象大到遮住你的臉，使你窒息。

這習慣是哪來的？

你可能認為你生來如此，但跟女神卡卡（Lady Gaga）整天唱著它不一樣[8]，過度成就者不屬於這個範疇。前面提到的凱倫，讓我接著把她的故事說完：

對我來說，在成長過程中，過度成就幾乎反映在每件事情上——從保持臥室整潔，到需要在學校成為班上的資優生，甚至是成為最好的人。後來，它轉移到我的律師工作上，當這也不夠時，它又轉移到飲食和運動方面。

我認為，過度追求成就已經發展成一種避免受到媽媽批評的方式，她在我年少時情緒十分敏感，經常喝酒，所以我花了很多時間努力，確保我能出類拔萃以免惹她生氣。同時，我也努力獲取爸爸的關注和認可（他最喜歡的一句話是「**你不是第一名，就是最後一名**」）。他總說我是多麼聰明，「出類拔萃」這幾個字給我的壓力太大了，我不敢讓他失望，但其實我一直都活在焦慮的狀態中，深怕他——和其他所有人——會在某一刻發現其實我根本沒那麼聰明。

也許你的父母本身就是超級過度成就者，自然而然，你也會成為一個過度追求成就的人。也許你有一個為你設定高標準的「虎媽」，只在你超水準發揮時才稱讚你。或者，也許和凱倫一樣，你也有個忽視型的父母，你總覺得需要努力獲得他（們）的關注。

不管情況如何，有時揭開這種行為的起源對你很有幫助——不是要你打電話跟父母大吼大叫，而是為了讓你看到事情的全貌，並試圖挑戰你創造出來的關於過度成就的信念，好改變它。

但也許這些跡象對你來說不是那麼明顯。很有可能你的父母從來沒有把你逼得太緊，或者你也不曾經歷過需要靠成就來取得父母的關注和愛的情感障礙。也許這只是多年來你自己在腦袋裡創造出來的東西，因為過度成就使你感到安全。也許你注意到了自己從成就中得到的讚揚，並以此鞭策自己，同時總是想要得到更多。

如何停止不開心？

我要說些可能會讓你驚訝的話。如果你是一個過度成就者，我不會建議你要少做一點，像是要求你待辦清單裡最多只能有六件事情，或說：「你需要冷靜一下。」我不會要你別在一早醒

8 〈生來如此〉（Born This Way）是美國歌手女神卡卡的一首知名歌曲。

來就查看電子郵件。你是個實踐者，它已經成了你的一部分，很可能也是你人格的一部分。你還是可以做所有你想做的事情，但我希望你仔細審視這一切。

這裡有幾件事需要你想想：

一、**先說最重要的——你的身體健康。你的睡眠品質好嗎？你有長期的焦慮症狀嗎？有腸躁症嗎？**是的，有些症狀很可能是生活中的其他因素造成的，但我敢用歐普拉[9]的全部身家來打賭，如果你有一些健康問題，而且你是一個過度成就者，那麼這個習慣（除此之外還有「完美主義」和「尋求認可」，也許還可以再加進「控制」行為和「冒牌者症候群」）便是這些症狀的主要成因。人的身體可不能一直工作不休息。

二、**清點人際關係。**你的待辦清單總是那麼滿，你的伴侶是否感覺自己被忽視了？你的小孩是不是也感覺到了沉重的壓力？你的工作都順利嗎？你是否想過在生命的終點，要用怎樣一句話概括這一生？「她一生獲得了最多的成就，是個勝利者」？還是「她曾在關係裡努力，並付出真心誠意，是個勝利者」？你看出其中的巨大差異了嗎？

三、**看看你在照顧身心健康上做了哪些事。**任何一本自助書籍都會告訴你，矯正「用成就和效率來提升自我價值」的方法是休息，安靜下來，並享受樂趣。我也不例外，但我知道你會對這些建議感到難以接受，我希望你能給我一分鐘，因為我有預感，我知道一個讓人難以接受的真相——關於你為什麼拒絕慢下來，以及拒絕「不做你所做的一切事情的奴隸」。

• 慢下來，休息，檢查一下

與這本書提到的其他習慣一樣，當你過度追求成就，便是在逃避那些正發生在你生活中、需要你去查看的糟糕事。例如，也許你的婚姻陷入了麻煩，你沒有選擇和伴侶好好溝通，自己或和愛人一起去接受心理治療，或是分手。相反地，你選擇做很多、更多、再多的事。你讓自己分心，全力投入待辦事項，好讓自己暫時感覺良好。

不幸的是，那些未被妥善處理的事物都在等著你，並且會一直等你。它們愈是得不到處理，就可能會變得愈糟。

安靜下來，放慢腳步，休息一下。你可能無法避免思考生活中不順心的事，並感受到與此有

9 歐普拉·溫弗蕾（Oprah Winfrey），美國首位黑人億萬富翁，個人財富達十億美元。

關的所有情緒。你如果是一個典型的過度成就者，可能避之唯恐不及。**真的靜下來時，大多數過度成就者會很害怕，對他們來說，休息的感覺就像死亡。**如果你也如此，我建議你留意一下自己究竟在怕什麼。

我不是要你花一個小時冥想或休息上一整天，我所要求的，就只是要你挑戰自己，思考一下**你靜不下來，究竟是在逃避什麼**。表面上，你可能會說，你不想忽視你的待辦清單，但親愛的，你騙不了我的。

你到底在逃避什麼？

如果你覺得這個問題太大了，可以拿出你的日記本，靜下來思考這個問題，然後回答它。

• 擁抱失敗

「每有一個過度成就者失敗，就會有一隻小狗死去。」也許這個句子被你掛在壁爐上方或辦公室裡。如果你是過度成就者，可能會把「失敗」當成你個人的一種評價。失敗意味著「我是一個失敗者」。

我想讓你知道一些事，而且是打從心底了解。我希望那些你已經做得很棒的事你可以繼續保持，因為那是你擅長的。同時，我想讓你知道並相信，擁抱失敗是讓你變得更好的一部分。也許失敗只是一個可怕的詞，因為我們的文化對它有所誤解。**沒有失敗，就沒有學習。沒有失敗，就沒有進步。沒有失敗，就沒有創造力和改變。**最聰明、最創新、最了不起的領導者都失敗過，但他們會繼續失敗。如果需要，你可以每天提醒自己：如果停止犯錯，我就停止了學習和成長。

我想讓你知道並相信，擁抱失敗是讓你變得更好的一部分。

當你失敗，要立志讓失敗變得有價值。讓它刺痛你，觀察你的自我對話，承認失敗是你進步的關鍵，並且盡快、有意識地檢查你從這次失敗中學到了什麼。希望如此你便不再把失敗看成是一件不祥的、需要避免的事情，而只是把它當作「成為最好的自己」的必要途徑。

•而你又是在和誰競賽？

作為一個過度成就者，你可能會發現自己在跟別人競賽。我認為有些人天生就有競爭意識，有時它會把你捲入一個名為「過度成就」的瘋狂派對。想成為一個最好的人，想擊敗某個特定的人，或者想成為團隊中的第一名，這些想法都可以迫使你做超出能力範圍的事。如果你從事的是銷售類或抽成制工作，這種情況可能會常常出現，因為你的工作就是要求你做愈多愈好。

要知道你的極限在哪。

這樣做似乎是合理的，但作為一個過度成就者，從事一份鼓勵（且離不開）過度追求成就的工作，對你來說很有可能是火上澆油。你無法改變你不承認的事情，所以問問自己，發生在你的職業生涯（或生活中有所競爭的領域）中的事是否正在讓你痛苦。

我的朋友伊莉莎白一生都是個典型的過度成就者，而且天生具有競爭意識。她從中得到不少好處，直到有天它再也無法奏效，她開始學著改掉這個習慣：

當我意識到自己正在作為一個「人肉機器」匆忙度日，我終於問自己，作為一個人，存在的意義是什麼。我要去哪裡？正在往哪去？獎賞是什麼？

思考這些問題對我有很大的幫助。我天生好勝心強（多半是在跟自己比較），懸梁刺股，有上進心。這並不是壞事。但當我停下來，深呼吸，然後提醒自己，即使我過度發揮也沒有任何獎賞，我開始看到一切謬誤，能夠慢下來專注在對我更重要的事情——我的幸福，和跟我最在意的一些關係。這些反過來又使我更加快樂和滿足。

記住：你很了不起。無論你有沒有成就，你都很了不起。你，只是你，就算沒有一切豐功偉業，你依然是了不起的。當你愈能把潛在的東西層層揭開，開始看到「你本來就很棒」這件事，你就愈明白，你不需要靠習慣性過度追求成功才能存在這世界上。

問問自己——

- 如果你是一個過度成就者，你認為它是怎麼來的？你願意做點什麼來挑戰那些被你創造出來的信念？
- 你覺得「過度成就」這個習慣如何影響你的生活？
- 你為什麼不想慢下來和休息，你的內心深處在逃避什麼？
- 你怎麼看待「失敗」？你需要做些什麼來改變你對它的看法？
- 你是一個有競爭意識的人嗎？如果是，這在你的生活中造成了哪些正面與負面影響？

第十五章

「核心價值」是你人生的指南針

——核心價值是你的人生路線圖，指向你將要前往的地方。

讀到第十五章，你已經成功將「讓我不開心的事」清單裡的習慣檢查完畢。到現在，你可能會想：「我能做些什麼，來確保自己不再退回到這些行為中去？」當我們如此習慣於以預設模式表現自己，做一些諸如躲藏、追求完美、取悅、指責和控制之類的事情，我們如何知道需要做些什麼來讓自己感覺更好，並為自己身為女性而驕傲呢？

你已經讀到每個章節裡的許多工具，但是在還沒了解和實踐你的核心價值之前，我不能完結這本書。

「核心價值」可能聽起來不太吸引人，如果你忍不住要跳過這一章，那請聽好——**「核心價值」就是問題所在！**了解自己的核心價值，就會明白生活方式是多麼重要。把核心價值看作你的北極星、指南針或人生路線圖。你想知道自己要去哪裡、那個地方是什麼樣子的，對嗎？好，那我們達成共識了，這正是你的核心價值將要告訴你的。

這個章節是如此重要，因為它將展示如何為你的核心價值命名，以及辨識出能夠實踐它們的選擇和行為。你也能在自己陷入麻煩時有所意識，同時拋棄那些選擇。最終，你將會挑選出你可以求助的人，來幫助你重回正軌。為什麼？因為如果你不清楚自己是誰，在追求什麼，以及日常生活中的核心價值是什麼樣子的，那麼這些努力就沒什麼用處了。

如果你不清楚自己是誰，在追求什麼，以及日常生活中的核心價值是什麼樣子的，那麼這些努力就沒什麼用處了。

這本書是關於控制、完美主義、孤立和取悅他人等習慣的，對嗎？但其中有更深一層的涵義：**當你捲入這些行為中，你並沒有實踐你的核心價值**。就是這麼簡單。我很確定你的核心價值不是以完美的名義殺死你，或一直勉強你做不願意做的事。

重要的是，**不要把生活建立在指責每個人和他們的母親（以及你的母親）之上，要為你的核心價值負責**。你的核心價值選出的是讓你感覺自己很好的東西。

但要是你不知道什麼對自己有價值，該怎麼辦？不要驚慌，這就是我們現在要解決的問題。

找到你的核心價值

我發現那些對自己的核心價值一無所知的人常常這樣問自己：「我到底怎麼了？」答案在這裡：你沒有問題。簡單地說，你只是不知道對你有價值的東西是什麼。

這些年來，在我幫助女性梳理核心價值的過程中，我發現了一些共同點。要列一份你的核心價值清單可能很棘手，特別是在第一次聽到它們的重要性時。我將為你們舉出一些常見的核心價值，但首先，我要你思考一下，好幫助你弄清楚你的個人核心價值可能是什麼。

問自己這兩個至關重要的問題，並坦白地記錄它們：

・對你來說，什麼很重要？

・你的生活方式有什麼重要之處？

舉個例子，假如持續與他人維持深度關係對你來說很重要（即使有時這並不舒服），那麼你可能很看重關係。或者，你在心靈方面有過什麼探索嗎（無論是否發生在最近）？如果是這樣，你可能很重視信仰。在更深的層次上了解自己，並努力成為一個更好的人對你來說是不是很重要？如果是，那麼你可能更看重個人成長。

另一種精確地確認核心價值的方法，叫做「**高峰經驗**」（peak experience）的練習。回想你經歷過的一段體驗，在那時你對自己的決定充滿信心，並且為自己感到驕傲——哪怕只是在很短暫的一段時間裡。你當時在幹什麼？你的決定和行為背後的原因是什麼？在那段經歷中，你探索了自己的哪一部分？

這裡有另一個例子。也許前幾年你始終在鍛鍊自己——越野跑步，選擇健康的食物，並因此感覺身體狀態很好。你從中得到的核心價值是身體健康和鍛鍊身體很重要。你可能也想探索你的高峰經驗，並尋找其他隱藏其中的不那麼明顯的核心價值。一個隱藏其中有價值的事物可能是大自然。也許當你在戶外時，會感覺最腳踏實地，或者也許你會發現獨處對你的靈魂有益。並不是「我要一直躲藏起來」這樣的獨處，而是透過體驗大自然的寧靜來恢復你的精神，讓你找到活著的感覺。

我想提出一個重要觀點：你可以擁有一個你目前並沒有實踐的核心價值。對你自己和你過日子的方式來說，它可以很重要，但也許你沒有足夠的工具、勇氣或覺悟來實踐它。讓我們把它們命名為「**終極核心價值**」。這裡最重要的是，注意你內心的自我批評，無論你是否實踐你的核心價值，它都可能有插手干預和提出意見的傾向。

也許你所有的核心價值都是終極核心價值，這很好！這一章的主旨是弄清楚你的核心價值是什麼，這樣你就可以開始實踐它們了。這項工作的最重要內容是，注意到你的終極核心價值和你現實生活之間的差距。

• 深入挖掘

為了在你尋找核心價值的過程中幫助你，我列了一些常見的核心價值：

- **勇氣**
- **自由**
- **平衡**
- **正直／誠實**

- 真實
- 直覺力
- 創造力
- 身體健康
- 樂趣／幽默
- 冒險
- 信仰
- 安全
- 信任
- 個人成長
- 助人／回饋
- 公正

照著上面的清單做是完全沒有問題的。它們能成為最普遍的有價值的事物自然有其原因。簡單提醒：在列這份清單時，盡量不要聯想到實質的活動或物品。如果你的清單上出現了「經典小說」，而你認為它們對你有價值，那麼請想想閱讀經典小說實際上能為你帶來什麼。你真正渴望的是它們具有的創造性嗎？你渴望的是閱讀時感受到的寧靜和獨處的快樂嗎？在這項工作中，對你來說重要的不是某樣物品，而是它帶給你的感受。

記住，對於生活的不同方面，你可能擁有不同的核心價值。例如，總的來說，我生命中最有價值的是勇氣、直覺力和正直，但對我的公司來說，則是領導力、影響力和服務。如果要進行這項練習，或許可以針對教養、職涯及夥伴關係等個別製作一份簡短的清單。

試著不要被它壓垮。如果你想讓它變得更全面，聚焦於生活中各個層面，那很好，但我不希望你連散步時也一直過度關注核心價值上的分歧。

不需要時時刻刻想著你在研究生活中的哪個特定部分。這只是一種方法，幫助你清點你在生活中的表現和檢查你需要研究的領域。

・釐清

我知道有許多親愛的讀者可能正在與完美主義搏鬥，並且會擔憂別人的看法，所以最後這個練習將有助於你弄清楚你的核心價值是否真是你的。如果它們不是你的，也許你選擇它們是因為你認為自己應該按照某種方式生活。

以下是一些關於核心價值的原則——它們屬於你，並且只屬於你。它們不接受別人的裁判、表決或嘲笑。永遠。要當心，或許你有這種想法：「幫助別人聽起來對我很重要。我會選擇它。」但當它真的發生，你感覺並不好。這很正常，沒關係。不要把這份清單列成一段炫耀你高貴美德的摘要。沒有人在監督你、批判你。

核心價值會隨著時間的推移而改變——它們會隨著生活的變化而改變，所以要保持開放的心態。某些事情也許現在對你不重要，但並不意味著以後也對你不重要。

定義現實生活中的核心價值

就像給寶寶取名字一樣，為我們的核心價值命名只是解決方案的一部分。在這一節中，我們要學著做些實質的事——養育和照料我們的孩子（和我們的核心價值）。

現在，讓我們深入探究一下，辨識出那些能夠實踐我們核心價值的行為（幫幫你自己，請不要跳過這部分）。這不足以命名你的核心價值，然而了解它們在你的真實生活中是什麼樣子，能讓你看到自己真正想要的結果，進而獲得幸福。

一、**列出兩三個你的核心價值。**你的高級核心價值是那些在你有需要時會給你指明方向的東西。當你面臨一個艱難的決定，或者處境十分糟糕時，你需要依靠自己內心的某種東西。這就是你的核心價值。我在後文會給出一些例子，所以如果你無法縮減你的清單，請不要驚慌。

二、**列出能夠實踐你的高級核心價值的行為。**想一想那些能實踐你核心價值的行為，把它們當作組成你的核心價值道路的基石。

讓我們從勇氣開始，把它當作第一個例子（注意，少數幾個能實踐不同核心價值的行為皆有相似之處）。

我要從這個核心價值開始，因為我百分之九十九點九肯定，如果你正在讀這本書，你的核心價值中有勇氣。瑪雅・安傑盧（Maya Angelou）說：「勇氣是所有美德中最重要的，如果沒有勇氣，你無法長久保持其他的美德。」正如我一直不厭其煩地告訴你，對你來說，保持孤立、麻痺、取悅他人或完美主義很容易做到。

勇氣，無論如何，都是艱難的，但它很可能是你想要走的路。讓我們開始吧。

- **核心價值：勇氣**

勇氣對你來說是什麼樣子的？

- 設立界線（也就是，進行艱難的對話）。
- 在需要時尋求協助。
- 與你信任的人分享你的故事。
- 即使害怕，也要讓自己脆弱下來。

•核心價值：信仰

信仰對你來說是什麼樣子的？

- 經常呼喚你的更高的存在。
- 練習感恩。
- 練習正念（也就是，傾聽你的直覺）。
- 冥想。
- 上教堂。

•核心價值：真實

真實對你來說是什麼樣子的？

- 說出一些關於你的事實（也就是說，支持你自己）。
- 意識到自己在追求完美或者取悅他人，並練習優先尊重自己。
- 為你的錯誤承擔責任，並將一切「亂子」清理乾淨。

・展露不完美的自我。

請盡情使用我所做的列表和示例，或者用自己的話改寫示例。使用你在生活中實踐的每個核心價值（或者選擇不去實踐它們的具體情況），可能對你有幫助。這會讓你看到你在哪些地方可以有所改進。

你看，有時候——好吧，很多時候——實踐核心價值並不是一件舒服的事。我們做事情習慣以恐懼為出發點：希望自己被別人喜歡，希望事情順利進行，希望躲過一些厄運。我對你的期望是，**為你在鏡子裡看到的那個人感到驕傲，並且在做了不舒服的事情和實踐自己的核心價值之後，能夠對你做出的決定感覺良好**。

現在我要講講艾曼達的例子。她對她公司的管理制度不滿。不僅僅是公司管理不善，還有些不公平的事發生，她覺得自己和同事都被任人擺布了。她試著處理這個問題，但幾個月過去，她感到更加憤怒和不滿，同時發現自己常在抱怨工作。簡而言之，她工作得很不開心，因為她的核心價值被踐踏了。隨著時間推移，她意識到她有三個選擇：

一、什麼也不做，同樣的事情會繼續發生，並且可能變得更糟。她會繼續對工作感到憤怒。

二、什麼也不做，什麼也不說，只是辭職走人，一刀兩斷。

三、大聲說出發生的事情，要求公司做出改變。如果公司沒有做出改變，再決定去留。

對於要做什麼，她苦苦思索了數週。最後，她決定選項三。她提前想好要對經理說的話、她的呼籲，以及她有什麼訴求。她要求召開一個工作會議，並勇敢說出她要說的話。她害怕了嗎？是的，很怕。當她結束那場談話，她是否為自己感到驕傲？是的。他們試圖提出一個折衷方案，這讓艾曼達感覺不好，所以她決定離開。

我要強調，我並不是鼓勵你實名又草率地表達自己的請求，或者以勇氣為名辭去你的工作。這不是「不在乎」的問題。艾曼達花了很多時間決定如何優雅、誠實和友善地傳達她的擔憂，並且清楚她的目的是以正直為出發點，以及自己在維護自己所信仰的東西。她沒有把她所有勝利的期望都寄託在談話的結果上。那和實踐你的核心價值無關。實踐核心價值並不是要一直勝利或始終表現得很了不起，它所涵蓋的是，知道什麼對你來說是重要的、為什麼，以及把你的核心價值付諸行動意味著什麼。一切努力都是為了讓你感覺良好，並為自己的行為感到自豪。

實踐核心價值並不是要一直勝利或始終表現得很了不起。它涵蓋的是，知道什麼對你來說是重要的、為什麼，以及把你的核心價值付諸行動意味著什麼。一切努力都是為了讓你感覺良好，並為自己的行為感到自豪。

尋找警訊

此時此刻，你可能會發現，你有些習慣和行為亮起了紅燈，使你知道你在背離自己的核心價值。換句話說，我希望你能夠意識到，有時候你會基於某種不快做出決定。大多數時候，這種感覺是恐懼。

這裡有兩個例子：對自己不想做的事情說「好」——也許這使你背離了「勇氣」和「真實」的核心價值；或者，你發現自己在說某個認識的人的閒話——也許這使你背離了「正直」和「友善」的核心價值。

我還可以舉一個個人的例子，它發生在我自己做這項工作時。我寫下了我的警訊：當我感到不滿、猛烈抨擊別人或採取被動式攻擊時，心中就會亮起紅燈。現在，每當我這樣做，我會知道自己並沒有堅持我「勇氣」的核心價值。而且，它意味著我沒有和我需要與之溝通的人交流，或者在某處沒有承擔起責任，而這違背了我「真實」的核心價值。

那麼，你的警訊是什麼呢？當你背離了自己的核心價值，你正在做什麼，有什麼感覺，或者在想什麼？

想出你的咒語和宣言

最後的工具是，想出一個咒語和宣言，幫助你記住自己的核心價值。我們之前使用過咒語，而宣言則是發起人對某種意圖、動機或觀點所發表的口頭聲明。換句話說，你要確認什麼對你來說是重要的，它闡明了你的意圖、信仰，以及願景。

當事情變得不穩定，你可以對自己說這些咒語或宣言。你可以在運動、做瑜伽、用吸塵器清潔環境或做其他任何事時說出來，我有些客戶甚至會在做像是拜日式之類的瑜伽動作時說出它們。但更多時候，當你可以選擇要繼續習慣性地躲起來，或是開始實踐你的核心價值，這些咒語或宣言對你會有很棒的作用。

一些咒語的例子如下：

‧我站在勇氣之中；我站在信仰之中。
‧我是愛；我是智慧。
‧勇氣、信仰、愛（可以簡單地替換成你的核心價值，並重複它們）。
‧我的頭腦和我的身體知道什麼對我很重要。

做這件事並沒有對錯之分。我滿心希望，它會給你很好的感覺，激勵你，並讓你明白你的核心價值是什麼。

至於宣言，下面也有一些簡單的例子：

‧我相信……
‧在我內心的最深處，我……
‧我熱愛……
‧這是我確信的……
‧我主張……
‧我愛……

・我來到人間是為了……

・我會愛我自己，藉由……

我向你保證，做了這些練習，並且辨識出你的核心價值，以及這些核心價值對你的意義，很快就能走向更豐富、更充實的人生。核心價值是不開心的解毒劑之一。一旦認識了它們，就可以藉此走向人生的康莊大道。

問問自己——

・你的核心價值是什麼？

・你的核心價值在現實生活中是什麼樣子的？你的日常行為如何引導你去實踐它？

・你還記得沒有實踐自身核心價值的時刻嗎？感覺如何？當時你能做些什麼不同的事，來實踐自己的核心價值？

・哪些警訊讓你意識到你已經背離了自己的核心價值？

終章

偶爾崩潰是可以的

在即將完成這本書時，我飛回聖地牙哥去拜訪朋友，接著停下來去看望我爸爸。我和他共進午餐，那是一次愉快的拜訪，一切都很好很正常。

大約三個月後，繼母告訴我，他因嚴重貧血住進醫院，正在接受輸血，醫生在進行檢查。不久，他被證實患有一種罕見的白血病，而且壽命只剩幾個月。當我試圖理性接受父親罹患絕症這個事實，我也知道自己從來沒有失去過任何一個親近的人，而且對於接下來會發生的事毫無準備。

我飛回家，照顧他幾天，這既溫暖我的心，也讓我心碎。他在二〇一六年十月十六日去世，當時他在我家鄉靠近海邊的一家漂亮機構裡接受安寧療護，我一個人坐在他的床邊。

我悲痛欲絕。這是那些崩潰的時刻之一，而我卻不得不決定每天要做些什麼。這真諷刺，真的。此刻我在寫的這本書，是關於那些會讓我們在人生艱難時期過得不開心的習慣，而我本人則正面臨終極挑戰。我會自打嘴巴嗎？

我本可以選擇重回那些習慣的懷抱裡。我本可以花好多天自責，因為我不是一個「最好的」女兒，還搬離了我從小生長的州郡。我本可以孤立自己，不依靠任何人，或者為了緊緊抓住某種確定的東西而奔向「控制」和「完美主義」。我本可以是隔絕一切情緒的「堅強的人」，就讓別人精神崩潰去吧。我本可以痛斥和指責別人。

當然，還有那個我過去最喜歡、最終總會投向其懷抱的習慣——麻痺自己。我本可以再次開始酗酒，或者穿上跑鞋，跑到感覺雙腿快斷掉。我可以帶著信用卡去購物中心購物，做任何能讓我擺脫我正在感受的恐慌、悲傷和純粹折磨人的毀滅性事物。

你知道嗎？我確實做了其中一些事。我懊悔地想著自己應該如何做一個更好的女兒。有那麼幾天我孤立了自己，沒有告訴任何人就悄悄離開。我過度地運轉著。我對著不該發火的人發火。第一次接到他病危通知那天，在一陣恐慌中，我開車到商場尋找完美的喪葬禮服，因為我不能想像自己沒有穿著完美的禮服出席父親的葬禮，最終我花了一大筆錢買下我只會穿一次的衣服和鞋子。我走出商場，感覺只輕鬆了五分鐘。

但這些都沒關係。

痛苦激發了我們人性中最原始的部分。這些情感把我們連結在一起。我們感受到的快樂、我們對彼此的愛、我們失去某人時的極端痛苦……這些情感我們都知道，也都擁有。我們都是混亂的人，跌跌撞撞一路走來，光是因為害怕，就可能退回到並不能讓我們開心的習慣和行為裡去，同時又會盡己所能做到最好，日復一日。

偶爾的崩潰是可以的。我希望你知道自己處在哪個階段，並且知道什麼對你來說很重要，同時做出清醒的選擇。你要夠相信自己，知道即使你重拾這些習慣，也只是暫時的，你會從火焰的另一邊安然無恙地走出來。你會優雅而溫柔地對待自己，盡自己最大的努力。因為那曾是我們所能做的一切。

現在，你已經擁有無數的工具，而且我希望你有足夠的自我意識，知道自己可以度過那些美好的時光和最具挑戰性的時刻。

我從來沒有像這樣失去過任何人，也是第一次仔細凝視我父親的生命，這讓我對我所知道的人生真理有了新的見解。

我真的相信大家讀到這裡，是為了學習、服務、愛別人和我們自己。你要承擔起這三件事的全部責任。這三件事同樣難以做到，同時讓人不敢承諾。但是，當我們保證去做這些事情，學習、服務和愛會是你所能做的最美好事情。

我真的相信，幸福與否，建立在我們跟自己最關心的人的關係健康程度。

我真的相信我們都在努力找到自己，找到彼此，然後努力回到彼此身邊。

我也相信，如果朝著我們的痛苦和歡樂走去，而不是遠離它們；如果更坦率地談論我們的痛苦和歡樂，我們就會獲得療癒和成長，彼此會更緊密地連結在一起。透過擁有這些連結，我們會覺得自己擁有了想要的一切。

而我真的相信，在這一生中，我們都在陪伴彼此走回最溫暖的港灣。

致謝

首先，我要感謝所有「你的人生了不起」團體（Your Kick-Ass Life community）中的女性們、我的私人客戶以及專案小組中的女性們。你們的故事、你們的坦率和改變的意願對我的激勵無法用言語表達。這本書誕生於你們對自己人生故事的分享。

我非常感謝一路走來幫助過我的朋友們：艾咪（·古萊）·史密斯、凱特·安東尼、凱特·史沃博達和寇妮·韋伯斯特。感謝麗莎·葛洛斯曼，你不知道你對我和這本書提供了多大幫助。還要感謝凱芮·克拉森，我們的友誼即使建立在悲傷的氛圍之中，對我來說卻極為重要，謝謝你。

感謝我的文學經紀人史蒂夫·哈里斯，感謝你不停打電話詢問本書進展，並再三催促我把它寫完。感謝你在聽到書名時放聲大笑，並贊同我的決定。感謝Seal Press出版團隊，尤其是蘿拉·馬澤，她的才華、耐心和體貼的話語，對我有很大的幫助。

感謝傑森、科爾頓和席尼，謝謝你們帶給我快樂，你們永遠是我生命中的最愛。

還要感謝爸爸，謝謝你愛我、信任我，讓我有幸來到你的家中。

參考書目

- 《脆弱的力量》（*Daring Greatly*），布芮尼·布朗（Brené Brown）
- 《第七感》（*Mindsight*），丹尼爾·席格（Dan Siegel）
- 《心靈的傷，身體會記住》（*The Body Keeps the Score*），貝塞爾·范德寇（Bessel van der Kolk）
- 《成功女性的祕密想法》（*The Secret Thoughts of Successful Women*），瓦萊麗·揚（Valerie Young）

國家圖書館預行編目資料

如何停止不開心/安德莉亞.歐文(Andrea Owen)著; 曹聰譯. -- 初版. -- 臺北市 : 寶瓶文化事業股份有限公司, 2025.03
面；　公分. -- (Vision ; 271)
譯自 : How to stop feeling like sh*t : 14 habits that are holding you back from happiness
ISBN 978-986-406-463-2(平裝)
1.CST: 自我肯定 2.CST: 自我實現 3.CST: 生活指導
177.2　　114001112

Vision 271

如何停止不開心

作者／安德莉亞．歐文（Andrea Owen）
譯者／曹聰

發行人／張寶琴
社長兼總編輯／朱亞君
副總編輯／張純玲
主編／丁慧瑋
編輯／林婕伃．李祉萱
美術主編／林慧雯
校對／林婕伃．陳佩伶．劉素芬
營銷部主任／林歆婕　業務專員／林裕翔　企劃專員／顏靖玟
財務／莊玉萍
出版者／寶瓶文化事業股份有限公司
地址／台北市110信義區基隆路一段180號8樓
電話／(02)27494988 傳真／(02)27495072
郵政劃撥／19446403 寶瓶文化事業股份有限公司
印刷廠／世和印製企業有限公司
總經銷／大和書報圖書股份有限公司 電話／(02)89902588
地址／新北市新莊區五工五路2號　傳真／(02)22997900
E-mail／aquarius@udngroup.com

法律顧問／理律法律事務所陳長文律師、蔣大中律師
如有破損或裝訂錯誤，請寄回本公司更換
著作完成日期／二〇一七年
初版一刷日期／二〇二五年三月二十四日
ISBN／978-986-406-463-2
定價／三九〇元
本書中文譯稿由銀杏樹下（北京）圖書有限責任公司授權。

寶瓶文化·愛書人卡

感謝您熱心的為我們填寫，對您的意見，我們會認真的加以參考，
希望寶瓶文化推出的每一本書，都能得到您的肯定與永遠的支持。

系列：Vision 271　書名：如何停止不開心

1. 姓名：____________________　性別：□男　□女

2. 生日：_____年_____月_____日

3. 教育程度：□大學以上　□大學　□專科　□高中、高職　□高中職以下

4. 職業：_______________

5. 聯絡地址：____

聯絡電話：______________________________

6. E-mail信箱：______________________________

□同意　□不同意　免費獲得寶瓶文化叢書訊息

7. 購買日期：____ 年 ____ 月 ____日

8. 您得知本書的管道：□報紙／雜誌　□電視／電台　□親友介紹　□逛書店
□網路　□傳單／海報　□廣告　□瓶中書電子報　□其他

9. 您在哪裡買到本書：□書店，店名 _________________________　□劃撥
□現場活動　□贈書
□網路購書，網站名稱：________________　□其他________________

10. 對本書的建議：____
____
____
____

11.希望我們未來出版哪一類的書籍：

（請沿此虛線剪下）

亦可用線上表單。

寶瓶　讓文字與書寫的聲音大鳴大放

寶瓶文化事業股份有限公司

廣　告　回　函
北區郵政管理局登記
證北台字15345號
免貼郵票

寶瓶文化事業股份有限公司 收

110台北市信義區基隆路一段180號8樓
8F,180 KEELUNG RD.,SEC.1,
TAIPEI.(110)TAIWAN R.O.C.

（請沿虛線對折後寄回，或傳真至02-27495072。謝謝）